GROUP 4

- ☐ 成果報酬制度・目標管理主義が大切であると思う
- ☐ チームに関する「ビジョン」や「理念」はあるが、そんなことより結果さえ出せればいい
- ☐「本当に自分の役割を自覚しているのだろうか？」と部下に対して思うことがある
- ☐ 部下の行動に疑問を持っている
- ☐ 結果や問題については話をするが、仕事の目的について話をする機会はあまりない

GROUP 5

- ☐ リーダーが部下に指示・命令するのは当たり前だと思う
- ☐ 部下に自分の仕事は任せられない
- ☐ 部下がなかなか育たない
- ☐ 部下が常に指示待ちの態度であり､思うように動いてくれない
- ☐ 部下が学ぼうとしない・成長しようとしない

GROUP 1 に最もチェックが多かった人は **A** タイプ
GROUP 2 に最もチェックが多かった人は **B** タイプ
GROUP 3 に最もチェックが多かった人は **C** タイプ
GROUP 4 に最もチェックが多かった人は **D** タイプ
GROUP 5 に最もチェックが多かった人は **E** タイプ

５ページで、自分のタイプの特徴と課題を確認しましょう。

自分のタイプを知ることで、どんなところが強みであり、どんなところが弱みであるのか、気をつけるべきことは何かがわかります。

自己診断テスト！

あなたはどのタイプのリーダー？

今のあなたはいったいどんなリーダーなのでしょうか。
本書を読み始める前に、まず診断してみましょう。
自分の考えに当てはまる項目をチェックしてください（複数可）。

GROUP 1

- ❑自分と部下の能力を比べてしまう
- ❑できない部下によって自分の評価が影響を受けていると思う
- ❑自分の考え方と部下の考え方に温度差を感じる
- ❑部下は給料分さえ仕事をしていればいいと考えているようだ
- ❑部下との人間関係に苦手意識がある

GROUP 2

- ❑部下からほめられたことがない
- ❑部下をほめるのにルールなど必要ないと思う
- ❑部下は欠点だらけでほめるところが見つからない
- ❑部下をほめるのは苦手だ
- ❑部下をほめなければいけない理由がわからない

GROUP 3

- ❑部下を叱るのは苦手だ
- ❑叱る時にルールなんていらないと思う
- ❑叱る時は部下の人格や能力について指摘している
- ❑叱ると反発してくる部下に手を焼いている
- ❑問題を起こしたから叱るのでその後のフォローは特に必要ないと思う

Dタイプのあなたは
短期的な結果を大切にするリーダー

部下は損得で話をしていませんか？

仕事の目的や喜びについて、部下と一緒に話し、目指すべき場所を共有しましょう。

→そんなあなたにオススメの章は　5章

Eタイプのあなたは
部下に上から目線のリーダー

部下は主体的に自ら考えて行動できていますか？

生産性を上げる自立型の組織をつくるにはどうすべきかを考え、部下を導きましょう。

→そんなあなたにオススメの章は　6章

チェックが複数のグループにあった人も多いでしょう。中には、最もチェックが多かったタイプが2つ以上あった人もいるでしょうが、気にする必要はありません。

むしろ、A～Eタイプのそれぞれの要素を持ち合わせていて当然だからです。

その中から、最も強い（苦手な）のはどれか、自分の傾向をつかむことが大切です。

そして、苦手な部分を意識して行動すればよいのです。リーダーの姿勢・考え方・部下の動かし方で、チームの状態は大きく変わります。

各章の中にヒントがありますので、どんどん活用して、バランスのよいリーダーになってください。

Aタイプのあなたは
自分のやり方にこだわりすぎるリーダー

部下との信頼関係を築くことに課題を感じていませんか？

自分がプレイヤーとしてやるほうがマシだと思ったことはありませんか？

リーダーの役割、人はなぜ動くのかを理解されるといいでしょう。

→そんなあなたにオススメの章は　1章 & 2章

Bタイプのあなたは
部下に対し厳しさが前面に出てしまうリーダー

部下は人の顔色をうかがったり萎縮している感じはありませんか？

部下を育てるには、弱みよりも強みに焦点を当てて接することが大切です。

→そんなあなたにオススメの章は　3章

Cタイプのあなたは
部下にやさしすぎるリーダー

部下にすかされているような態度を取ることはありませんか？

やさしくするだけでは部下は成長しません。時にはしっかり叱る必要があります。

→そんなあなたにオススメの章は　4章

はじめに

「せっかく入社させた社員が、すぐに辞めてしまう」

「パートやアルバイトの入れ替わりが激しく、常に補充・採用で追われている」

「部下がなかなかやる気を出してくれない」

仕事柄、経営者やリーダー、マネジメント層からの声を毎日のように耳にします。

本書を手にされているあなたも、そのお一人ではないでしょうか。

お気持ち、よくわかります。かつての私も、日々、悩んでいましたから――。


申し遅れました。

人財育成の講師として活動している森と申します。

大学卒業後、ケンタッキーフライドチキンこと、日本ＫＦＣホールディングス㈱（以下、ＫＦＣ）に入社し、店長、スーパーバイザーなどのリーダー職を経て、26年超、人財育成コーチとして、１０００店舗を超えるチェーン店の社員（従業員）教育を行ってきました。

人財育成担当だった私が、２０１５年度に新入社員育成改革を行ったところ、飲食業界は正社員の半数近くが３年以内で辞めていくのがほとんどという中、新入社員の２年以内の離職者が０（ゼロ）となりました（本書では、この時の取り組み、ツールについてお話ししています）。

現在は独立して、ＫＦＣでの経験を基に、そしてコーチングやＮＬＰ、発達心理学の理論を応用し、オリジナルの人財育成理論を確立、悩めるリーダーをサポートする活動をしています。

ＫＦＣの離職率は、かなり低いことで知られています。またパート・アルバイトでも長く勤めていただける方が多く、中には親子二代で働き続けてくれる人も数多くいるほどです。

なぜ、そんなことができたのか。

それは、カーネル・サンダースの時代から今もＫＦＣに受け継がれる、独自の企業文化にありました。

現在では、そのカーネル・サンダースの〝本物へのこだわり〟が仕組み化され、１２５の国や地域に展開する約２万店舗で実施されており、どの国や地域の店舗でも確実に離職率が低くなっています。ＫＦＣが学生の就職人気ランキングのトップクラスとなっている国や地域もあります。

本書では、世界中で効果を上げているＫＦＣ独自のノウハウを主軸にした、部下の育て方、動かし方をお話しししています。

企業や店舗、どのような組織やチームのリーダーでも活用できる再現性に優れていますので、社員育成やチーム力の強化にお役立てください。

自ら考えて自ら動けるようになった従業員は、仕事を辞めることは、まずありません。

彼らにとって仕事は、やりがいを感じる自己実現の手段となっているからです。

本書で紹介していることを、できることからでよいので実践していただければ、たとえあなたがまだ管理職1年生だとしても、必ず部下に最高のパフォーマンスを発揮させることができるはずです。

KFCでは、人材を「人財」と表します。

少子高齢化も進み、優秀な労働力の確保が難しくなってきた今日、自ら動く生産性の高い部下はまさに財《たから》です。

その財を失うことなくむしろ輝かせること。

それが組織の行動力となり、成果につながり、結果としてリーダーとしてのあなた自身をも輝かせることになるのです。

2017年　初秋

森　泰造

第1章 あなたの部下は、なぜ動かないのか？

第2章

部下を動かすためにリーダーがやるべき7原則

第3章

部下が成長する〝ほめ方〟

第4章

部下が成長する〝叱り方〟

第5章

チーム力を上げる部下のまとめ方

第6章

リーダーの最大の仕事は未来のリーダーをつくること

第1章

あなたの部下は、なぜ動かないのか？

人は自分が“やれる”と思うか
“やりたい”と思う分だけ前進できる——。

カーネル・H・サンダース

部下が動かない――。

そう嘆《なげ》くリーダーが後を絶ちません。

指示を出せば、それなりに動く（そうでない部下もいますが……）。

しかし、指示がないとひたすら待ちの姿勢。

自らの頭で考え、作業や課題に取り組むこともせず、学ぶ姿勢を見せるでもなく、質問や提案をしてくることもない。

いったいいつになったら、自分で仕事をとりにきてくれるのだろうか。

成果を出してくれるのだろうか。

ひとり立ちしてくれるのだろうか。

いったい何をしたら、自分で考えて動くようになるのだろうか。

悩みに悩んで、自分が若い時はどうだったかを振り返り、当時の自分のことを踏まえてアドバイスをしても、いっこうに変わる気配がない。

部下に変わってもらうにはどうすればいいのか。

それは、リーダーであるあなたが変わることです。

実は部下が自ら考えて動かない原因の9割は、リーダーにあります。

リーダーが変わらなければ、部下は決して変わらないのです。


第1章では、部下が思うように動かない理由となるリーダーのあり方を、6つの特徴として紹介しています。

思いがけないことが、部下に大きな影響を与えていることもあります。

一つひとつ、自身の働き方、考え方と照らし合わせながら、確認してみてください。

部下が動かない
理由1

プレイヤー気分が抜けていない

優秀なプレイヤーだった上司が陥る罠《わな》

「一応の成果は出しているものの、部下がついてこない」

あなたはこんな悩みを抱えていないでしょうか。

「リーダーとしてチームを引っ張らなくては」と思い、そのためにいろいろ心掛けているのに部下がついてこないのであれば、部下とのコミュニケーションが本当の意味でとれていない可能性があります。

意思疎通が図れていないため、チームの力が持続的に発揮されないのです。現時点で、それなりに成果が出ていたとしても、長続きはしないでしょう。

こうした事態に陥るタイプのリーダーに共通するのは、自らがプレイヤーとしてしっかりとした業績を残してきたこと。

プレイヤーとして優秀だった人は、その功績を認められ、同期に比べて比較的早い時期にリーダーに昇格していることがよくあります。実はここに落とし穴があるのです。

「自分でやったほうが早い」という勘違い

たとえば、こんなやりとりを部下としたことはありませんか?

上司「例の資料、どうなっている?」
部下「はい、もうできています」
上司「なんだ、できているなら早く持ってきてよ。どれどれ……、あれ? こういうことじゃないんだけど」
部下「言われたとおりに、まとめたのですが……」
上司「ふう。ああ、もういいよ、こっちでやっとくから(やれやれ、最初から自分でやればよかった。そのほうが早いし)」

「自分でやったほうが早い」

プレイヤーとして優秀だった人ほど、そう考えがちですが、このように考えてしまう人は、まだリーダーとしてのマインドセットができていない証拠です。

プレイヤー気分を引きずっていて〝リーダーの役割〟とは何なのか、理解していないとも言えるかもしれません。

プレイヤーとリーダーの違いを簡単に定義すると次のとおりです。

●プレイヤー　……　自らが動いて成果を挙げる人

●リーダー　……　部下を動かして成果を挙げる組織にする人

「自分でやったほうが早い」と、なんでも自分でやってしまう人、自分の考えたとおりのことを部下にやらせているだけの人は、リーダーの仕事を果たしているとは言えないのです。

ＫＦＣでは、店長が一人で30人から40人の部下やパート、アルバイトを率いて店舗を運営します。とても一人ですべてのオペレーションをこなすことは不可能ですから、必然的に役割分担を決めて効率的に人を動かすことが求められます。言い換えると、これができなければ、リーダーとはみなされません。

リーダーの役割は、どんな組織やチームでも同じです。リーダーに求められるのは、部下やチームのメンバーを動かし、プレイヤー時代、一人ではとても達成できなかった、大きな成果を挙げることなのです。

「リーダーとしてどう動けば、部下たちと共にチームの成果を挙げられるか」

プレイヤーとしての自分は計算に入れずに考えましょう。

POINT

◆リーダーの役割を認識する

「自分でやったほうが早い」から卒業する

プレイヤーとリーダーの違いを自覚する

部下を動かすことで成果を挙げる

部下が動かない
理由2

過去の「自分」や「他人」と比べる

自信満々で店長に昇格したものの…

優秀なプレイヤーだった人がリーダーになる。

多くの企業で当然に行われていることですが、研修やコンサルティングに伺った先でよく聞かれるのが、優秀なプレイヤーだった人からの「私はリーダーに向いていないのではないか」といった声です。

部下が思うように動いてくれなかったり、部下がまとまってくれなかったりして、プレイヤーの時は仕事が楽しかったのに、今はストレスしかないと。実際、ストレスが大きすぎて、プレイヤー時代の精彩がなくなってしまった人もいます。

かつての私もそうでした。

初めてＫＦＣの店長となった時のことです。

副店長時代に新店舗の立ち上げを成功させるなど、成果を挙げていたことが認められての昇格だったので、素直にうれしく、「絶対にいい店をつくってみせる！」と心に闘志を燃やし、店長として働き始めました。

しかし、そううまくはいきませんでした。

副店長のＡ君が思うように動いてくれないのです。ＫＦＣでは副店長にアルバイトをとりまとめる役割を担ってもらうのですが、Ａ君はアルバイトとうまく意思疎通を図ることができず、ミスが続出。アルバイトの人たちからも困惑が伝わってくるほどでした。「なんとかしなくては」と毎日、Ａ君と話すのですが、

「アルバイトをもっとちゃんと動かしてよ。仕事だろう」

「難しいことなんてないだろ、俺だって副店長の時はやれていたぞ」

など、責める言葉ばかりが出てしまい、その結果、Ａ君はますます覇気がなくなり、お店の雰囲気も重くなり、退職を申し出るアルバイトが続出する事態に。

「こんなはずじゃなかった――」

初めのやる気はどこへやら。イライラだけが募っていく本当にきつい日々でした。

自分と部下を比べない

なぜ、A君は思うように動いてくれなかったのか。

それは、今だからこそわかるのですが、当時の私はA君のよいところを認めることも伸ばすこともせず、ただ自分ができていたことを彼ができないことにイラ立ち、そのイライラを彼にぶつけていただけだったからです。

A君の行動を副店長時代の自分と比較して評価し、A君本来のよさや魅力に目を向けていなかった。つまり、リーダーとしての仕事をできていなかったのです。

自分と部下を比べても仕方がありません。その部下にはその部下の、A君にはA君の個性や強みがあり、まったくの別人格だからです。

店長である私はA君がA君なりに主体性をもって副店長という仕事に関わっていける環境をつくることが求められていたのに、A君のできない部分にばかり目を向けていた。そのため、A君も、そしてアルバイトの人たちも、離れていったのです。

誰かと比較することで競争心をあおろうとする考えもあるでしょう。ですが、他人と比べられることでは、部下のモチベーションが長期的に上がることはありません。

過去の自分(あなた)、ほかの同僚や前任者と比べてもいけません。

唯一、比べていいのは、「過去の部下」と「今の部下」。

つまり、同じ人。

比較すれば必ず部下の成長の跡が見られるはずです。

かつてはできなかった何かができるようになっている、そこを認めてあげましょう。

POINT

◆他人と〝比較〟しない

優秀なプレイヤー ≠ 優秀なリーダーではない
比べるのは過去の本人
できていること、できるようになったことを認める

部下が動かない理由3

いちいち「指示」してしまう

〝指示待ち部下〟は指示がくると思うから待っている

「最近の若い子は〝指示待ち人間〟ばかりで困る」

「どうして自分の頭で考えて動こうとしないのだろう？　言われるまで何もしない」

といった声をよく耳にします。

あなたのもとにも〝指示待ち部下〟がいるのではないでしょうか？

〝指示待ち人間〟部下の育ての親は、リーダーであるあなたです。

リーダーがいちいち細かく指示をしていると、部下は「言われたことだけこなしていればいい」と考えるようになります。

「アドバイスしたら終わりだ」

これは、私がリーダー向けの研修で必ず言う言葉です。

リーダーがアドバイスしたとたん、部下は考えることをやめ、アドバイスされたとおりのことをやるようになります。そして、自ら工夫して創造的な仕事をするという発想がなくなり、〝指示を待つことが仕事〟という部下ができあがるのです。

動く部下になってもらうには、リーダーが「自ら動かなくては」と部下に思わせる環境をつくることです。

そうはいっても「指示・命令をしないと不安だ」「そもそも部下に正しい答えを示してやるのが上司の仕事だ」と思うかもしれません。

「任せることで失敗したら大変だ、リーダーとしてそんなことはできない」と考えるかもしれません。

ですが、その結果、動かない部下ができているのも事実なのです。

こんな経験はないでしょうか。

部下に相談され、「こうすべき」と〝答え〟を教えたり、「こうしたらどうか」と〝アドバイス〟したのに、またしばらくすると同じような問題を起こし、相談してくる。人は正解を与えられると、自らの考えでなくても実行することに注力しがちです。結果、その場しのぎの対症療法にしかならず、身につかないことが少なくありません。人間は「ああしなさい、こうしなさい」と他者から言われたことより、自分で「こうしてみよう！」と決めたことのほうが、はるかにやる気を持って取り組むことができるのです。

〝ティーチング〟から〝コーチング＆サポート〟へ

ＫＦＣで店長を指導する立場のスーパーバイザーをやっていた時、私がなにより気をつけていたのが、「いきなり答えを押しつけない」ことでした。

というのも、入社して間もない頃の上司が、なんでもかんでも「答えを押しつけてくる」タイプだったからです。モチベーションが下がってしまったこともありました。課題の改善策を自分で考えても必ず上司がアドバイスしてくるので、「どうせ考えても……」とやめてしまったのです。

ティーチングとコーチング&サポートの違い

ティーチング

相手に答えややり方、手法を教えること。

コーチング

答えを教えたり、アドバイスするのではなく、質問やフィードバックを通して、相手の内側から答えを引き出し、相手に対応を考えさせること。

サポート

相手の行動を支援すること。自ら考えて行動する姿を支援することで、仕事に自信を持たせ、成長を実感し、さらによくなるようには何ができるだろう？　と考えるようになる。

コーチング&サポート

コーチングとサポートを組み合わせることで、相手が自ら考え、行動することに自信を持ち、主体的に考え、動ける人財に育てること。

この経験から、上司になったら部下に当時の自分のような思いをさせてはいけないと思った私は、部下のモチベーションを維持させ、高めるには、「アドバイスをしない」ことだと考え、それぞれの部下の考えを尊重する姿勢を見せ続けました。

たとえば副店長から「最近、ちょっとアルバイトとうまくいっていないんですよ」と相談されたとします。この時私は何もアドバイスせず、状況を聞くだけ聞いて、「そうなんだね。いろいろ思うところもあるかもしれないけど、どうなったらいいと思う？」と尋ね、考えを聞いた後、「そうだね。そのためにできることは何だろう？」と最後まで副店長自身に考えてもらっていました。

これは、相手の意見に耳を傾けることで、相手の内側から答えを引き出す〝コーチング〟と呼ばれる手法です。

日本では、やり方を教える〝ティーチング〟が主流ですが、ＫＦＣでは、行動基準の一つとして「コーチング＆サポート」を推奨しています。

リーダーは、部下に正解を教えるのではなく、一人ひとりが解決法を見いだす手助けをするのが仕事です。

最初に話を聞いたうえで、部下に自分の頭で考えさせ、自ら導き出した考えに従って行動させる、そしてミスしそうになったらフォローする。この繰り返しで〝指示待ち人間〟ではなく、自らの頭で考えて動く人財を育成していくのです。

自ら動く部下を育てたいなら、自分で解決法を考えさせる環境をリーダー自らつくりましょう。

POINT

◆指示・命令はしない

〝指示待ち人間〟は指示・命令への依存で生まれる

自分で考えさせる質問をする

〝ティーチング〟ではなく〝コーチング〟を心がける

部下が動かない理由4

ベクトルが「自分」に向いている

誰のための指導なのか

部下がミスをしたときや、あなたの思うような成果を挙げられないときなど、叱らなければならないこともあるでしょう。

私もKFCの店長時代は、遅刻をしたり、店のルールに違反したりするアルバイトを叱っていました。

叱ったり、注意したりすることもリーダーに求められる役割の一つです。

ただし、気をつけたいことがあります。

それは、「誰のため」に叱るかです。

「このまま成果が挙げられなければ、リーダーである自分の評価が下がる」

「自分のチームでこんな部下がいるなんて恥ずかしい」

「イライラした感情を解消したい」

など、そんな理由で部下を叱っていないでしょうか。

これらはすべて「自分のため」です。

部下はあなたの意図を鋭く察知します。

ベクトルが自分に向いているリーダーがどんな指導をしたとしても、部下が態度を改めることはないでしょう。

「相手のため」を心がければ部下に届く

ＫＦＣの店長だった頃、笑顔での接客が苦手ではあるものの、真面目で実直なＦ君というアルバイトの学生がいました。

ＫＦＣでは、アルバイトの上位者が時間帯責任者になる制度があります。私はＦ君の実直さはほかの従業員にとって参考になると思い、また、Ｆ君にとってもサービスをしっかり学ぶことでより一層、ほかのアルバイトから信頼される人間になるきっかけと考え、責任者になってもらいたいと伝えました。そのうえで、「もっと笑顔でお客さんに接しないと」とか「自分がどんな表情をしているか、常に意識しておかないと」「表情が固いよ。もっとやわらかく」などと指導をしていたのですが、ある時、

F君が申し訳なさそうな顔でこう言いました。

「自分には笑顔での接客なんて向いていません」

その言葉に、私は一瞬、悲しい気持ちになりましたが、F君が社会に出た時に必ず役立つと心から信じて指導していたなど、意図を説明したところ、彼は「わかりました。もう一度頑張ります」と言ってくれました。目的を共有することができたのです。

その半年後、私が次の店に異動することになった際、F君から「あの時、自分のために叱ってくれてありがとうございました」とお礼の言葉がありました。

まずは部下にベクトルを向けましょう。

常に「部下の成長を願って行動する」。これはリーダーに欠かせない条件です。

実際、部下が成果を挙げたときの喜びは大きいものです。

部下の成長こそがリーダーのエネルギー源であり、リーダーであるあなた自身を成長させるものなのです。

リーダーが「自分の成果や評価、自分の立場を守るため」に叱ったりほめていることがわかれば、その下心にしらけてしまい、自ら動こうとはしません。

部下が成長して生産性が上がれば、組織にも成果がもたらされます。その結果として、リーダーのあなたの評価もついてきます。

まずは部下のために考え、行動しましょう。

POINT

◆ベクトルを相手に向ける

「自分のため」の言葉では部下は動かない
リーダーは常に部下の成長を願って動く
部下の成長がチームや組織に成果をもたらす

部下が動かない
理由 5

何のために仕事をするのかを示していない

ビジョンがあるからやるべきことがわかる

時折、人柄もよく親しまれているけれど成果を出せないリーダーがいます。こういうリーダーは部下に人として信用はされますが、部下がついてきてくれるかというと難しいです。成果が出せないリーダーのもとでは、部下も成長の機会を逸する可能性が高いからです。

どんなに頑張っても成績が上がらないと、誰だってモチベーションが下がります。

ではなぜ、成果が出ないのか。

多くの場合、魅力のあるビジョンを部下に示すことができていないことにあります。

ビジョンとは、理想とする未来のイメージのことです。

魅力のあるビジョンとは、「自分たちは何者で、何を基準にして、どこを目指して進んでいくのか」を誰もが理解できるよう明確に示されているものです。

ビジョンが共有できていれば、そのビジョンを実現するために部下は自ら進んで動き出し、チームとしても成果を挙げることができます。

人は見えるものに反応します。してほしいこと、進んでほしい方向を見せてあげることで、相手もそのことを理解し、正しい方向に動いてくれるようになるのです。

魅力のあるビジョンには、次の3つの要素が必要です。

1　意義のある目的・使命・ミッション
2　明確な価値観・信念
3　未来のイメージ

この3つをチームで共有することができればチームは一つにまとまり、驚くべき成果を挙げることができます。

何かを共有することで、人はその相手とつながりを感じ、一緒に頑張ろうという気持ちになります。

結果、チームとして一丸となって働くことができるというわけです。

ビジョンの力でV字回復に

ＫＦＣの店長時代、私は「地域で最も愛される店になる」ことを自らのミッションと課し、実現するために「おもてなしの心をどこまで体現できるのかにチャレンジすること」に価値があると考え、これに従って行動するよう部下全員に徹底していました。

さらに仮に隣に新しくマクドナルドができようが、モスバーガーができようが、ミスタードーナツができようが、絶対におもてなしの心では負けない、「地域で最も愛される店になる」ことを未来のイメージと決め、部下たちに成長した姿、その時のお店のイメージを具体的に伝え続けて、ビジョンや目的を共有していました。

ビジョンを共有することで、部下も成長し、店長に就任したときは１０００万円の赤字だったお店が1年で黒字にV字回復させることができたこともあります。

また、スーパーバイザーの時の部下でくすぶっていた50代の店長が、ビジョンを明確にし、共有を徹底した結果、1年で日本一の店舗に育てたこともありました。

ビジョンの力は強力です（第5章で詳しくお話しします）。

人は目指すべき方向が見えれば、そこに向かって進みます。

明確なゴールを部下に示し、ともに成果を挙げるための先導役となりましょう。

POINT

◆説得力のある〝ビジョン〟を掲げる

「意義ある目的・使命・ミッション」を自覚させる
「明確な価値観・信念」を行動指針とする
「未来のイメージ」を描かせてゴールを示す

部下が動かない
理由6

部下にとっての手本となっていない

〝手本〟はリーダーが自ら行動で示す

リーダーの役割とは「部下を動かして成果を挙げる」ことです。

しかし、部下が動くのを待っていても成果は上がりません。

部下がどう動けばいいかを、まずはリーダー自ら率先して行動を見せることが大切です。

分厚いマニュアルを「ちゃんと読んどいて」と渡したからといって、アルバイトがいきなりおいしいチキンを揚げることはできません。

まず自分がやってみせて説明することで、リーダーであるあなたが考えていること、求めていること、そして大事にしていることを伝えるのです。

私が初めて店長になった際、副店長だったA君を「自分と比較した」ことで店全体がぎくしゃくしてしまった時のエピソードを先ほどお話ししました。

アルバイトが相次いで辞めてしまったため人員不足となり、店長である私もA君も、オペレーション(調理や接客などの作業)に一日中、追われる日々が続きました。

ところが期せずして、この事態が功を奏したのです。

現場に常時出ざるを得なくなった私は、アルバイトたちと共にオペレーションをするようになります。当然、声を掛け合い、よいところはほめ、悪いところは改善するよう、手取り足取り指導もしました。すると、A君がだんだん私のやっていることを真似するようになったのです。

A君はアルバイトを教えなくてはならない立場にあることは理解しながらも、どう行動していいのかわからず、何もできていませんでした。今回、私がアルバイトと共に働く姿を見たことで、自分が何をすればいいのかがようやくわかったのです。

A君がアルバイトの指導を積極的に行うようになると、店は活気を取り戻し、新しいアルバイトも増え、定着してくれました。

してほしいことがあるなら、まずは実際に「やってみせる」。言葉だけで伝わらないことはなおさら、見せるしかありません。

A君に大切なことを教えてもらいました。

なぜ、そうしなければならないのか

KFCでは、アルバイトに調理や接客を指導する際、教える人がまずマニュアルどおり「やってみせる」ことが徹底されています。

まず指導役が手本を見せながら説明し、次に実際にやってもらい、評価する。これが一連の流れとなるのです。

たとえば、掃除の研修では、指導係が掃除の仕方をひととおりやってみせます。続いて、部下に実際にやらせて、その姿を観察し、「丁寧にやっていましたね。ありがとう。ただし～」と、よいところをほめたり、できていないところを注意したり

指導法別による成果（KFC 調査）

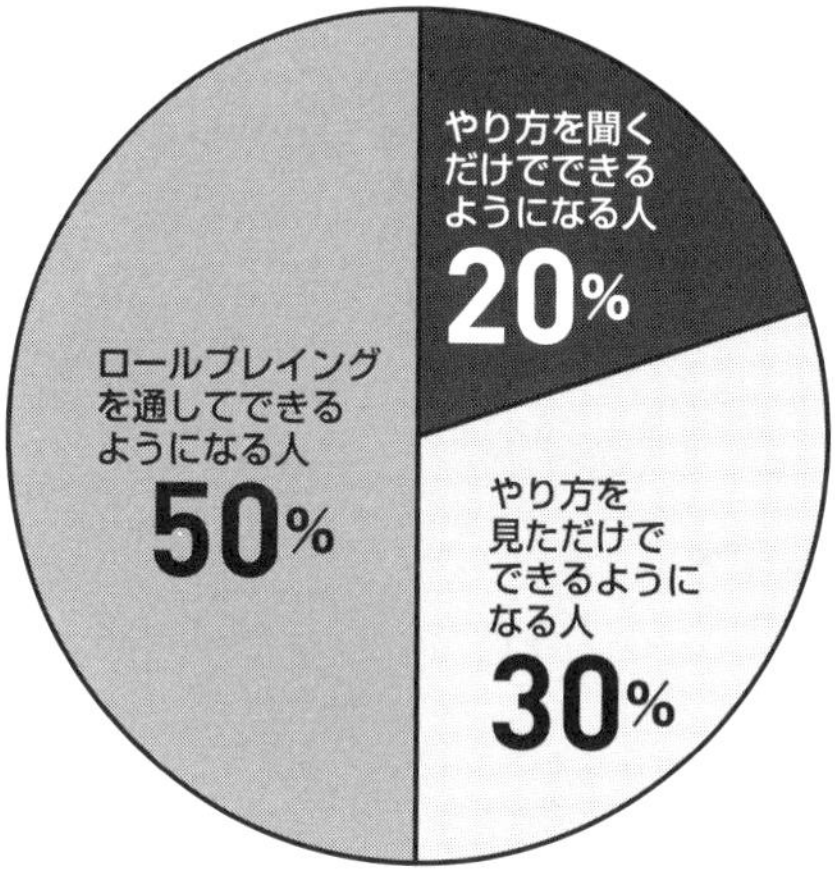

KFC がトレーニングにロールプレイングを行う理由はここに根拠があります。
その役割を演じさせる、つまり、「やってみせて、やらせてみせて、フィードバックをする」ことで、確実に部下は育つのです。

とフィードバックします。

太平洋戦争で日本軍の連合艦隊司令長官を務めた山本五十六《いそろく》による部下育成の名言として有名な「やってみせ、言って聞かせて、させてみて、ほめてやらねば、人は動かじ」と同じです（洋の東西で同じことを言っているなんて面白いですね）。

お手本を示したうえで作業の意味も伝えると、より効果的です。

「なぜ、そうしなければならないのか」がわかるのとわからないのとでは理解に大きな差が出るからです。

「部下が動かない」

そう嘆く前に、リーダーであるあなたが率先垂範《そっせんすいはん》してみましょう。部下はあなたの姿を見て動くのです。

POINT

◆自ら〝手本〟を見せる
すべきことを伝えただけでは部下は動かない
あるべき姿は見せてこそ伝わる
「なぜそうするか」を理解させる

COLUMN 1

わずか6席から始まった
ケンタッキーフライドチキン

＊物語は田舎町のガソリンスタンドから始まった

今でこそ125の国や地域に約2万店舗を展開するKFCですが、そのスタートは物置を改造したわずか6席のスペースから始まりました。

1930年、当時40歳だったカーネル・サンダースがケンタッキー州の田舎町コービンで始めたガソリンスタンドの片隅に、その店舗、〝サンダース・カフェ〟はありました。

サービス精神が旺盛だったカーネルが「車にガソリンが必要なように、長いドライブをしてきたドライバーにもおいしい食事が必要だ」と考え、物置を改造して始めたのです。

ガソリンスタンドの裏手にある農場で育てた鶏と、そこで栽培した新鮮な野菜を使ってつくるフライドチキンはたちまち評判を呼び、〝サンダース・カフェ〟には連日、ドライバーたちが長い行列をつくるほどに。

凝り性のカーネルはその大人気のフライドチキンにさらなる試行錯誤を重ね、11種類の秘伝スパイスを開発。それをまぶした鶏肉を、自ら改良した圧力釜で揚げる「オリジナルチキン」を完成させたのです。１９３９年のことでした。

この製法は現在もそのまま、ＫＦＣに受け継がれています。

＊65歳のカーネルを襲った大ピンチ！

やがて〝サンダース・カフェ〟は１００席を超える大型レストランとなりました。ところがカーネルが65歳の時、絶体絶命のピンチが訪れます。

時は黄金のフィフティーズ。アメリカ国内の大規模開発に伴い、〝サンダース・カフェ〟の近くにハイウェイが建設され、車で訪れてくれるお客さんがほとんどいなくなってしまったのです。

店はつぶれてしまい、カーネルに残されたのは、わずかな年金の受給権だけ。失意の中でカーネルは、ふと自分に残されているものがあることに気づきました。「オリジナルチキン」のレシピと自分で改良した特製の圧力釜です。

そこでカーネルは中古のフォードに圧力釜と秘伝スパイスを積み、アメリカ中を回り始めました。

一軒一軒レストランを訪ね、実際に「オリジナルチキン」を味見してもらい、気に入ってもらったらレシピを教えて鶏1羽につき、4セントのお金を払ってもらう契約を結んでいったのです。

外食産業における〝フランチャイズシステム〟の原型はこうして誕生したのです。

行く先々で門前払いされるなど大変なこともありましたが、カーネルの「オリジナルチキン」を食べた人は、そのおいしさに驚き、次々に契約を結び、1960年には契約した店は200を超えました。

1964年に、カーネルはフランチャイズの権利を売却し、〝味の親善大使〟として世界中を回り、1980年、90歳で波乱の生涯を閉じました。

ちなみに、カーネルが世界中のKFCでもっとも気に入ったのが日本のKFCでした。自分の味とスピリットを最も受け継いでいると感じたのだそうです。

65歳で一から立ち上げ、世界中の人々に愛され、幸せにする店をつくりあげたカーネル。

この姿は私にとってロールモデルであり、私自身、65歳になるまでは「もう遅い」と言い訳をせず、何でもチャレンジしようと決めています。

※参考『カーネル・サンダース――65歳から世界的企業を興した伝説の男』藤本隆一著（産能大学出版部）

第2章

部下を動かすために
リーダーがやるべき7原則

私は特別な才能を持っていたわけでも、
特に運に恵まれていたわけでもない。
毎日、自分に与えられた役目、
人を喜ばせること、人を勇気づけることに
全力で取り組み、
精一杯生きてきただけだ——。

カーネル・H・サンダース

マネジメントは

リソース＝経営資源をいかに活かすかが問われます。

リソースの中で最も重要なもの、それは人的資源にほかなりません。

一人ひとりの無限の可能性をいかに発揮させるか、成果に結びつく行動ができるように育てることができるかが、組織の生産性に直結します。

生産性が上がれば、自然と結果はついてきます。

その結果が、マネジメントを担当するリーダーの評価になります。

私はこれまで述べ5000人をリーダーに育ててきました。

その中で、気づいたことがあります。

それは、部下が動くときには「動きたいと思う理由」があることです。

人は理由なく動きません。

動きたいから、動く必要があるから、動くのです。

動きたくないから、指示が来るまで動かないのです。

相手を知らないと相手の気持ちを動かすこと、やる気を出させることはできません。

部下と出会うのも縁があったからです。

人生の中のいっときの時間を預かっているのです。

自分の立場をよくするために、正当化するために部下を利用するのは絶対にしないでください。

部下に対しては常に誠実に、そして真摯に向き合ってください。

どんな部下とも一期一会。

彼らとの出会いに感謝しながら、リーダーとして成長しましょう。


第2章では、リーダーを育成してきた中で学んだことから構築した、部下のやる気を引き出し、行動に結びつける方法のうち、最も重要な7つを「部下を動かす7原則」として紹介しています。

あなたの部下のタイプを見極めながら、活用してください。

部下を動かす
7原則 1

部下が動く理由を知る

部下は4つの動機で動いている

部下を動かすには、部下が「動く理由」を知る必要があります。

これまで26年超、人財育成に携わってきた中で、部下が動く理由は大きく次の4つに分けられることがわかりました。

これは、心理学者のマズローが言っている「人間の欲求段階説」の考えにもあてはめることができます。

①「やらないと叱られる・居場所がなくなるから」＝仕方がないから働く

部下が動く４つの理由
（職場における「人間の欲求段階説」）

①「やらないと叱られる・居場所がなくなるから」
＝仕方がないから動く

安心して仕事ができない環境、たとえば、人によって言うことが違うので正しいと思ってとった行動を批判されたり、危険を感じるような仕事場だと、自分で安全・安心を確保するしかないので、余計なことをしようとしなくなります。この動機だけで動いているメンバーが目立つ組織は労働環境の改善が必要でしょう。

⇩

②「自分の役割は果たさなければ」
＝役割を果たす・使命感・責任感

安心して働ける環境において「今日の役割はとにかく客席を清潔に保つこと」など明確に指示が出れば、何をしたらいいのか判断に迷うことなく、使命感で行動できます。

⇩

③「行動しているのを認めてほしい」
＝認められたい・承認してほしい

安心して仕事ができる環境があり、自分の役割がわかるとその環境の中で認められたいと思うようになります。自分が集団から価値ある存在と承認されるから働く価値があると考えます。

⇩

④「やってみたい・挑戦したい」
＝仕事を通して自己実現したい

安心して働ける環境があり、自分の考えや行動が認めてもらえるようになると、もっと成長したいとか、もっと貢献したいというわゆる自己実現欲求が生まれます。この欲求に基づいて行動するメンバーは、自らの行動に責任を持ち、望まれる結果のために創意工夫を凝らすようになり、自然とリーダーシップを発揮できるようになります。

①が満たされると②、③の欲求が生まれ、②、③が満たされると④の欲求が生まれます。

② 「自分の役割は果たさなければ」＝役割を果たす・使命感・責任感
③ 「行動しているのを認めてほしい」＝認められたい・承認してほしい
④ 「やってみたい・挑戦したい」＝仕事を通して自己実現したい

この4つの相関関係と具体例をまとめると55ページのとおりです。

「金銭的報酬」だけでは人は動かない

店長になりたての頃、私は「頑張った人は時給アップ」をエサにアルバイトの人たちを動かそうとした時がありました。しかしそれでは、時給800円の人は800円分の仕事しかしてくれないことに気づきました。

報酬目当てで動く人は、その時給に見合った分だけしか働こうとしないばかりか、慣れてくると労力を最小限にしようと、いわゆる〝手抜き〟も覚えます。（その人が思う）金額分だけ働けばいい、そう考えるからです。

強要や監視、評価といった外的な手段で注意を促しても、短期間は効果を発揮することもありますが、それだけでは人は疲弊しますし、心を動かされません。

部下が自ら「やりたい・挑戦してみたい」と思うような環境を整え、部下の内面に焦点を当てましょう。

長期的に、そして健全なモチベーションで仕事をしてもらうには、金銭的な報酬ではなく、内的報酬、精神的な報酬をいかにして感じてもらえる環境をつくりだせるかがカギになります。

まずは4つの理由のうち①が満たされる環境から順に整えていきましょう。

POINT

◆「部下は内側からの動機で動く」と知る

動く理由には段階がある
外部から動機を与えても部下は動かない
部下に内側からの動機を喚起させることが大切

部下を動かす7原則2

部下には公平かつ公正に接し、尊重する

部下が不公平を感じない環境をつくる

同じ行動をしても、ほめられる人とほめられない人がいる。そんな環境で、人は素直に一生懸命働こうとは思いません。

ＫＦＣでスーパーバイザーをしていた時のことです。

「店長から嫌われていてつらい」という相談を、ベテランアルバイトの女性Ｃさんから受けました。

私にとってＣさんは、店舗への貢献度も高く、後輩に厳しく指導をしてくれる頼もしい存在だったため、思ってもみなかった話に驚いた私は、すぐさま店長に聞き取り

調査を行いました。すると、店長が彼女に対して誤解をしていることがわかりました。店長は、Ｃさんが後輩に厳しく指導する様を見て、嫌悪感を抱いていたのです。そして、自然にＣさんと話をすることを避けるようになっていたのでした。

Ｃさんは、店長がほかの人とは楽しそうに話をするのに、自分とはほとんど話をしない姿を見て、「嫌われている」と思ったのです。

店長と話をしたところ、店長も自分の姿勢を反省し、ほかのアルバイトと同じようにＣさんとも向き合うと言ってくれました。

その後、Ｃさんは以前と見違えるほど丁寧な指導ができるようになり、店長も「Ｃさんは貴重な戦力」と口にするようになりました。

人に優劣をつけるようなリーダーに人はついてきません。

それは、ひいきされている側も、そして周りも同じです。

お互い気を使い合って、リーダーを信じることができない。そんな環境で部下は自分から動こうとはしないでしょう。もちろん、チームとしての結果も期待できません。

不公平は、その相手だけでなく、その場の雰囲気をも悪くしてしまうのです。

リーダーの好き嫌いがチームの雰囲気を悪くし、業績も悪化させる。成果を挙げるべきリーダーがこれでは問題ですよね。

リーダーとして、忘れてはいけないことがあります。

それは、部下は悪くないということです。

悪いのはリーダーであるあなたの『意味づけ』と、それに基づくあなたの行動です。

部下の能力を生かすも殺すもあなた次第なのです。

公平かつ公正に部下に接するコツは、部下を一人の人間として「存在そのものを認める」ことです。

ＫＦＣには、「人を信じる（Belief in People）」という教えがあります。

誰もが何かしらいいところがあり、たくさんの可能性を持っていることを信じよ、ということです。たとえ、生意気な部下や何を考えているのかわからない部下であったとしても、それは「個性（多様性）」だと無条件に受け入れるのです。

人は完璧ではありません。

時には、相手のマイナス面しか見えてこないこともあるかもしれません。そのマイナス面も含めて一人の人間として「承認」する。そうすることで、見えにくいところにあるプラスの面が見つかり、その人の可能性が引き出せるようになるでしょう。

日頃から「認めている」と伝える

人は「承認」されることで相手を「信頼」します。信頼するからこそ、リーダーの意図を汲み取って動けるのです。

部下から信頼されるには、日頃から「あなたを認めていますよ」というメッセージをリーダーであるあなたが発し続けることが大切です。毎日の挨拶を欠かさない、部下をしっかり観察してちょっとした変化に気づき声をかける、そんなことがメッセージとなります。

部下との信頼関係を醸成するうえで効果的なのが、名前を呼ぶことです。挨拶のときも「おはよう」だけでなく「○○さん、おはよう」と名前を呼んでから挨拶をし、相手の顔を見て笑顔で声をかける。それだけで驚くほどの効果があります。朝の挨拶を「おはよう」だけで済ませているようでしたら、明日から「○○さん、おはよう」と相手の顔を見て言ってみてください。

実際に私はこれを「相手の存在を認める、相手の状態を確認する」という目的を持って続けてきました。その手法は、私の部下で後年店長になった後進たちが引き継いでくれています。

ちゃんと見てくれている人がいる、ただそれだけで、人はやる気を出し、安心して自ら動き始めるのです。

POINT

◆部下の承認欲求を満たす

公平・公正な扱いを心がける
尊重する＝存在そのものを認める
個性や多様性を含めて部下を受け入れる

部下を動かす
7原則3

部下の成長や進歩を見逃さない

見つけたら必ず声をかける

泳げるようになった、補助輪なしで自転車に乗れるようになったなど、あなたにも「それまでできなかったことができるようになった」という成長の瞬間が幾度もあったでしょう。うれしくてちょっと誇らしげな気持ちになったのではないでしょうか。

たとえば「初めて契約が取れた」時、「初めて仕事がうまくいった」時、意気揚々と会社に戻ってきたのに、周囲からの反応がまったくなかったとしたら、あなたはどう感じるでしょうか。おそらく疎外感やちょっとした寂しさを感じることでしょう。

一方、自分の成長に気づいてもらえるとうれしくなって、さらなる成長をし、もっと認められるように動きます。

部下が承認欲求を大きく満たすのも、進歩や成長を上司に認められた時です。だからこそリーダーには常に、部下のスキルはもちろんのこと、個性や人間性を成長させ、それを見逃さずに認めてあげることが求められるのです。

常に興味を持って部下を観察し、部下の小さな変化を絶対に見逃さないことです。

「前に比べて作業が速くなったね」

「表情が豊かになったね」

「いいアイデアだね」

など、ちょっとしたことでかまいません。変化や進歩を見つけたら、声をかけてあげましょう。特に新入社員、新人アルバイトなど、入ったばかりの人は、たとえちょっとしたことであってもほめられると喜んでやる気を出します。

私は店長だった頃、新人アルバイトにはまず客席の掃除から教えていました。しかし、実際やってみせても最初のうちはなかなか完璧にはできません。そこで、一つでもよくできたところがあれば、たとえばテーブルを丁寧に拭いていたとしたら、そこにフォーカスしてほめるようにしていました。

「そんなことはできて当たり前だ」と思うかもしれませんが、それはあくまで「あなたの基準」です。相手にとっては「当たり前」ではなく「初めてのこと」かもしれません。

「成長」は、人との比較ではなく自分自身がどれだけ前に進んだかで測るものです。

「何もできなかった」状態から「テーブルだけでもきれいに拭ける」状態に成長したわけですから、その頑張りは素直にほめて、次の成長につなげましょう。

一つの分野に絞って具体的にフィードバックする

部下の成長・進歩を見逃さないためには、部下が取り組んでいるタスクの中でも、最も成長させたい一つの分野に絞ってフィードバックすると効果的です。

フィードバックとは、結果を原因側に戻す操作のこと。部下の行動を観察し、その見えた様を「私からはこのように見えているよ」と情報として返してあげるのです。

この時のポイントは、「相手の鑑《かがみ》になってあげる」こと。自分の思いを入れすぎず、見えたままを伝えてください。

フィードバックの目的は「相手の成長のために視点を変えてあげること」です。

人は自分の振る舞いや言動が、人からどう見えているかはなかなかわかりません。人から見える情報をプラスすることで、さらによい言動は何なのかを考えることができるようになります。

フィードバックを受けて初めて自分の強みがわかり、自分が成長していることを部下自身も感じることができます。さらに、リーダーからのひと言に「そんなところまで見てもらえているんだ」と部下は驚き、うれしく感じ、「だったら、もっと頑張ろう」とさらなる成長を目指します。

「これでいいんだ」という感覚を味わえば味わうほど、自信になり、成長につながるのです。

人は、「インパクト（心の動き）×回数」で脳にプログラムができあがります。そして、繰り返すことで、それは部下の強みとして脳のプログラムに組み込まれます。

掃除だったら、「テーブルだけでなく、椅子もきれいにできるようになったね」「厨房の掃除、丁寧にやるようになったね」「お客さんにちゃんと気を使いながら片づけしていたね」など、ひと動作、ひと言でいいのでフィードバックをしましょう。

これで自らが考えて掃除をしようとするようになります。

ただし、心のこもらない適当な声かけは、部下に見抜かれます。

部下の心に響くよう心から声をかけましょう。

POINT

◆部下の成長・進歩を見逃さない

成長・進歩を認めると承認欲求が満たされる
ちょっとした成長・進歩でもほめる
部下に気づきをうながすフィードバックを行う

部下を動かす
7原則 4

部下にも一緒に考えさせる

女子アルバイトは、なぜ動いてくれなかったのか

私が新入社員だった頃の話です。

最初の店舗に配属されて間もない頃、店長から「森君、ちょっと出かけるから店を見といてくれ」と言われ、初めて一人で店をまわすことになりました。

当時の私はオペレーション（接客や調理などの作業）では、まだまだベテランアルバイトのスピードについていけないレベル。そこで、お客様も落ち着いていた状態だったので、二人の女子アルバイトに「清掃」をお願いすることにしました。

「お店にお客様おらんけん、今のうちに、外ば掃いてきてくれんね」

と声をかけると、熊本方言交じりの言葉（私は熊本出身）に二人は大爆笑。笑い転げるばかりでまともに仕事をしてくれません。

新人とはいえ私は社員なのに、アルバイトに掃除すらさせることができない。そんな自分が情けなく悔しかった私は、どうしたら彼女たちに言うことを聞いてもらえるのか、考えました。

そんなある時、私語に夢中になっている彼女たちを見て思ったのです。

「自分はいつも私語をする余裕などないのに、アルバイトたちはどうして、ぺちゃくちゃおしゃべりばかりしているんだろうか？」

そして、気づいたのです。

「アルバイトの彼女たちは目の前のことしか考えていないから、それ以外は気を抜いている。だからおしゃべりができるんだ。一方、社員である自分はいつもよい店にするにはどうしたらいいんだろうかと、いろいろ考えているから私語をする余裕などない。だったらアルバイトの人たちにも、いろいろ考えてもらえばいいんじゃないだろうか」

その日以降、「これ、どう思う?」とか「こうしようと思うんだけど、どうかな」とアルバイトに声をかけるようにしました。

新しい掃除用具の置き場所を決める場合も「これ、使いやすいようにしたいんだけど、何かいい案ない?」など、いちいち意見を求めるようにしたのです。

するとアルバイトの人たちも最初のうちは戸惑いを見せながら答えてくれるくらいでしたが、だんだんと私の仕事の指示にも「はーい、かしこまりました」と返事をして取り組んでくれるようになったのです。それどころか、自分たちで考えたことを提案したり、指示されなくても自ら考えて実行したりしてくれるようになりました。

一緒に考えることでやりたくなる

人は共有体験ができると信頼関係ができ、回数が多くなるほど、関係が深まります。「意図」が共有できると、より深いところでつながり、高め合うことができます。

さらに自分たちが考えたことが認められ、採用されることで、さらに貢献したいと考えるようになります。

女子アルバイトたちは、自分たちで考えることで仕事を楽しいと感じ始めてくれたのでしょう。その後、どんどんアイデアを出してくれるようになりました。すると、だんだん他のアルバイトたちも意見を言い合うようになり、チームとしてまとまりが出てきたのです。店の業績もどんどん上がっていきました。

職場の居心地がよいと、人は仕事に行きたくなりますし、もっとよくしたいと仕事に励むようになります。風通しもよくなり、アイデアを一緒に考え、高め合うことができます。

なんでもかんでも指示をするのではなく、時には部下と一緒に考えたり、部下同士で考えさせる機会をつくり、職場の空気をつくっていきましょう。

POINT

◆部下にも自分の頭で考えさせる

指示するだけでは部下は動かない
一緒に職場の空気をつくる
自ら考えることで部下は動き始める

部下を動かす
7原則 5

部下に「主体性」を持たせる

KFCの新入社員の離職率が激減した理由

他業種に比べて土日出勤が多い外食産業では、新入社員の約5割が1年以内に離職していきます。

KFCの新入社員の離職率は、ほかの外食産業に比べて圧倒的に低いとはいえ、2015年以前は10%前後が1年を待たずに会社を去っていました。

店長を経て人財育成担当コーチとなった私は、離職率をゼロに近づけるべく新入社員研修に、「主体性（自ら考えて行動を選択できる人）」を育てるためのトレーニングを導入することにしました。

KFCには、次の3つのミッション・ステートメントがあります。

●食の『安全・安心』を通じ、人々の健康づくりに寄与し社会に貢献する
●おいしさを創造し、お客様に楽しく、豊かで、しあわせな生活を提供する
●このビジネスではたらく人々をしあわせにする

以前は、このミッション・ステートメントのために会社として何をしているかを教え、これらを実現するためにマニュアルを覚えてもらうといった研修スタイルだったのですが、この手法をやめて「ミッション・ステートメントを『自分ごと』化させる」ように変えました。

会社がビジョンとして掲げている『おいしさ創造』という言葉を活用して、新入社員の自分たちだからこそできることを、考えさせるようにしたのです。

具体的には、次のような質問を与えて、それぞれで考えてもらいます。

●『おいしさを創造する」には、あなたならどうする？
●そもそもあなたの考える『おいしさ』って？
●新入社員でもできる『おいしさ創造』ってなんだろう？

そして、それぞれが考えた答えを発表させ、今度はみんなでディスカッションし、最終的に「定義」としてまとめます。

まとめるには、お互いに腹を割って話をしなければいけませんし、意見をぶつけ合うことも必要です。多少の言い争いも起きたりしますが、健全な議論によってミッション・ステートメントは、自分ごと化されます。取り組むべき理由をしっかり理解し、主体性を持って仕事ができるというわけです。

その結果、この研修を受けた新入社員の離職が約2年間、なんと0（ゼロ）になりました（経済的コスト・時間的コスト・精神的コストでも効果があります）。

オペレーションの研修も「どうしたらより正確に、スピーディーに行えるか」をまず考えさせてから、実行させせます。質問に対しても「じゃあ、こうしたらどう？」と

主体性を持たせる効果（コスト比較）

	Before	After
経済的コスト	△2800 万円	0 円
時間的コスト	△3360 時間	0 円
精神的コスト	離職者補充のためのストレス	自信、育成ノウハウが身についた

経済的コスト

仮に１人当たりの投資額を年 400 万円、退職者を７人として平均在籍期間を１年とすると 2800 万円のコストがセーブされる

時間的コスト

3360 時間が不要になる
※21 人分の１か月の労働時間が節約できた計算に！

精神的コスト

他責「だから今の若い奴は…」
あきらめ「やれやれどうせ辞めるし」　⇔　**自信！**
ストレス「また採用しなくてはいけない」

アドバイスをするのではなく、「じゃあ、どうしたらいいと思う?」と解決策を考えさせ、それから実行させるといった具合です。

自分なりに定義づけ、自分の意見としてぶつけ合わせた後、お互いにフィードバックをしながら合意して、最終定義をつくらせる。これを繰り返すことで、自ら考え、自ら行動し、自ら情報発信ができるようになります。

さらに、対話をすることで人間関係をつくるトレーニングにもなっています。

主体性を持たせることでやりがいが生まれる

主体性とは、「どんな環境であっても自ら考え、自ら行動を選択し、その行動に責任を持つこと」を意味します。

もっとわかりやすく言えば、主体性を持つと、「自分の今の状況をつくっているのは自分である」と考えられるようになります。原因を外にではなく自分自身に求め、他人からの評価や好き嫌いを聞いても冷静に受け止めることができ、環境に左右されることなく仕事を楽しむことができます。さらに、自ら目の前のことの意味や目的を考えて行動するようになります。

反対に主体性のない人は、「自分の今の状況をつくっているのは外部のせいである」と考えます。また、周囲の声に敏感に反応し、自分に責任があるとは考えず、常に他人のせいにします。

部下に主体性を持たせる。

これは、リーダーの重要な役割と言えるでしょう。

POINT

◆自分ごととして考えることで主体性が育つ

ミッションを自分ごと化させる
主体的に仕事が楽しめるようになる
主体制を持つことができれば自ら動き始める

部下を動かす
7原則 6

「質問+フィードバック」で自ら行動を改めさせる

「質問」で自らの行動を省みる

人は自らの頭で考えたことは、納得して取り組みます。これは、よくない行動を改める場合も同じです。

きちんと掃除できていない時は、まず「今の掃除、理想の状態が100点だとしたら何点くらいの出来だと思う?」と点数を尋ねてみるのです。

質問を受けた部下は「自分の掃除はどうだったのだろう?」と採点者の視点から自分の頭で考えます。そして、「100点満点でいえば70点くらいかな。ちょっと手を抜いたな」など、よくないことやミス、問題点に自ら気づくのです。

「なんだ、あの掃除の仕方は！　100点満点でいえば50点だぞ」などと、リーダーから ダメ出ししてしまうと部下も構えてしまい、素直に言葉を受け入れてもらえません。

自省をうながすほうが、はるかに効果が高いのです。

「フィードバック」で気づきのきっかけを与える

「今の掃除、自分では理想の状態が100点だとしたら何点くらいの出来だと思う？」という問いかけに対し、「95点くらいじゃないですか」などと、自省することなく適当に答えてくる部下もなかにはいるでしょう。

こういう時はそのいい加減さにイラッとしたり、不安になったりして、「何言っているんだ、どう見たって50点だろう」などと、頭ごなしに否定してはいけません。

まずは一度、部下の採点を受け入れましょう。部下の自己評価を認めたうえで、「そうか。自分では95点だと思うのか。でも、店長の私から見たら50点だな」と、その評価基準と組織（ブランド）基準とどれだけ離れているかをフィードバックしてください。冷静に、あくまで「自分」を主語にして考えるよう伝えましょう。

リーダーからのフィードバックは「リーダーの視点」つまり、仕事をするうえでの「基準」を理解することができるため、部下にとって成長の大きなきっかけとなります。「私から見たら、こう見える」と伝えたら、次に「お客様から見たら、どう見えると思う?」「あなたの母親が見たら、どう見えると思う?」など、第三者の視点を軸において話し、自分や自分のしたことが周りからどう見えるのか、そのことを意識する機会にするのです。

人はどうしても主観にとらわれがちですが、上司が客観的に第三者の視点を提示することで、部下も冷静に自分自身や自分のしたことを省みることができます。

たとえば、チキンをいい加減に調理しているアルバイトがいたら「今のやり方を、味にこだわり、本物しか許さなかったカーネル・サンダースが見たらどう思う?」と尋ねます。そのとたん、相手は「自分」ではなく「カーネル・サンダース」の視点で考えようとします。

視点を提示することで、視点の変換を誘導するというわけです。

質問を投げかけることで、まず自分の頭で考えさせる。その後フィードバックを行

部下の「心の声」を聞き出す方法

1 傾聴

まず、部下の話によく耳を傾けます。決して「ちょっと待った、それならば……」などと、途中で話をさえぎってあなたの意見を押しつけてはいけません。

話を聞く姿勢を見せると、相手も安心し本当の自分を出せるようになります。

2 共感

部下の話に対して、「なるほど、そうなのか」「あなたは〇〇と思うんだ」などと、相手の言葉を反復し、「共感」しながら、辛抱強く言葉を聞き出しましょう。

3 質問

部下の考えを聞き出したら、そのうえで、「どうしたいの？」「どうすればいいと思う？」などと「質問」します。

4 フィードバック

部下の答えに対し、「私からはこう見えるよ」など、リーダーの視点からどう見えるかを伝えます。

自分の考えを押しつけるのではなく、鑑（かがみ）になった気分で見えていることだけを伝えましょう。

部下もあなたを介し、自分とは違った視点で答えを見ることで確信が深まったり、新しいアイデアが生まれたり、頭の中の整理ができるようになります。

い、第三者の客観的な目で見えたことを伝える。

質問＆フィードバックは、部下自身に気づいてもらい、納得したうえで、自ら行動を改めてもらう場面で効果的です。

いきなり注意をされるより部下の気づきは深いものとなります。

POINT

◆「質問＆フィードバック」で下地をつくる

「質問」で自分の行動を振り返させる
納得すると人は行動を変えられる
視点を増やせば気づきを誘導できる

部下を動かす
7原則 7

行動が正しくなければしっかり叱って指導する

時には叱る（指導する）ことも必要

部下の言動が会社のルールに違反するものであったり、ブランドを傷つけるものであったりしたら、リーダーであるあなたは部下を叱らなければなりません。

「叱る」とは、感情に任せて怒ることではありません。

あくまでも部下の成長を期待し、改善すべき点を自分で考えさせるために行うことです。

具体的な叱り方については第4章でお話ししますが、ここでは多くのリーダーからよく質問を受ける「ほめると叱るのバランス」についてお話ししましょう。

「ほめると叱る」の理想のバランスとは？

ＫＦＣでは「ほめて育てる文化」が根づいています。

しかし、ほめるだけでは人は成長しません。叱ることもまた、成長をうながすことにつながるのです。

私は店長として新しい店舗に赴任するたびに、ほめる、叱るを意図的に強く表現していました。店長としての判断基準を理解させ、より早く秩序や規律をつくりあげることができるからです。

様々なアルバイトがいますから、日々、様々なトラブルが起きます。

チキンをつまみ食いするアルバイトを見つけた時は、その場で強く叱っていました（揚げたてチキンのスパイシーな香ばしさが食べ盛りの学生アルバイトにとって〝たまらない〟ことはわかりますが、ルールはルールです）。

叱った内容は、ミーティングで必ず共有します。

比較すると「ほめる」ことのほうが「叱る」ことよりも圧倒的に多かったはずです。

ただし、その比率は常に一定ではありません。「ほめると叱るのバランス」は、その時のチームの状態で変化するものだからです。

また、秩序に乗っ取って「ほめる」ことで部下やアルバイトも、自身が成長すべき方向が見えるため、迷わずに済みます。

ほめるべきところはほめ、叱るべきところは叱る。

これは、リーダーにしかできないことなのです。

POINT

◆時には叱らなければ部下は動かない

組織にとってよくない言動は遠慮なく叱る
「ほめる」と「叱る」のバランスを考える
秩序に則ってほめれば進むべき方向がわかる

COLUMN 2

クリスマスに〝チキン〟発祥はケンタッキーだった！

＊今やチキンは日本のクリスマスの風物詩

「♪クーリスマスが今年もやって来る。悲しかった出来事を消し去るように～」竹内まりやさんの歌声の流れるケンタッキーのCMが流れると「ああ、今年ももうすぐクリスマスか」と感じる人が多いそうです。

クリスマスといえばケンタッキー。

そんなご家庭に育った人も多いのではないでしょうか。

実際、毎年クリスマスシーズンになると、ケンタッキーの店舗は目が回るような忙しさとなります。デパートやスーパー、お肉屋さんでもチキンが飛ぶように売れていきます。

今でこそ、日本のクリスマスには欠かせないチキンですが、世界広しといえど、クリスマスにチキンを食べるのは日本だけだというのはご存じでしょうか。

実は、日本のKFCが目が回る忙しさに追われている頃、本場の米国KFCでは閑古鳥が鳴いているのです。

なぜか。

それは、アメリカでは誰もがクリスマスに七面鳥を食べるからです。

＊日本でクリスマスにチキンが食べられるようになった理由

ではなぜ、日本ではチキンがクリスマスの定番となっているのか。

その仕掛け人は、私が入社した当時のKFCの代表取締役社長、大河原毅《たけし》さんです。

KFCの店舗がまだ日本に100店前後しかない1973年12月、東京・青山の店舗に近い、ミッション系幼稚園の先生から従業員がこんな相談を受けました。

「クリスマス会のサンタクロース役がいません。フライドチキンを買うのでサンタに扮装してくれませんか」

それを聞いた大河原さんは快く引き受け、サンタの扮装で子どもたちにフライドチキンを振る舞いました。幼稚園児たちは、それはそれは大喜びしたそうです。

この話が口コミで広がり、いろいろな学校から注文が入ってくるようになりました。

そこで大河原さんは「ケンタッキーでクリスマス」を根づかせるためのキャンペーンを展開することを思いついたのです。

これがきっかけでケンタッキーのフライドチキンは爆発的なブームとなり、日本では「クリスマスにはケンタッキー」「クリスマスにはチキン」が定着したのです。

お客様がケンタッキーを通して、笑顔あふれる時間を過ごしてくださるクリスマスは、店長や従業員にとっても、自分たちの可能性にチャレンジできる神聖な期間。

店舗では暑い夏の時期から綿密な計画を立てて、クリスマスに臨んでいます。

クリスマスを経験すると、皆ひとまわり頼もしくなります。

ケンタッキーの従業員にとってもクリスマスはとても大切な日なのです。

第3章

〝部下が成長するほめ方〟

一人ひとりが人生の主役、
どんな職でも主役を生きる――。

カーネル・H・サンダース

ほめて育てる。

これが、ＫＦＣの伝統的な人財育成法であり、これこそＫＦＣの離職率の低さを支えている最大の要因とも言えます。

ＫＦＣでは、従業員が働くうえで大切にするべき行動指標・価値観として「レコグニション」が共有され、徹底されています。

「レコグニション」とは認めること、つまり賞賛です。

ＫＦＣでは、新人のトレーニング時から、すべての従業員に賞賛カードを渡し、周りの人の言動で賞賛すべきものがあったら気がついた時に記入して提出するよう教えられています。お互いを賞賛し、ほめあう文化があるのです。

賞賛した内容は、全員が閲覧できるよう事務所に掲示します。

ほかのアルバイトはこれを見て、「こんなことをすると賞賛されるんだ」と認識します。こうして正しい行動が共有されるのです。

部下にとって「ほめられる」ことは「認められる」ことでもあります。

自分の努力や頑張り、成長を認めてくれる上司を「きちんと見てくれている」と部下は考え、信頼します。そして、もっと頑張ればもっとほめてもらえる、価値を認めてもらえると考え、より努力をするようになるため、部下の生産性は確実に上がり、チームの実績も上がります。

しかし、ただほめればいいわけではありません。

ほめ方を間違えると、かえってモチベーションを下げてしまうこともあります。

リーダーは、部下を成長させる「ほめ方」をしないと意味がないのです。

第3章では、「レコグニション」の技術の中から特に効果の高いものを6つ紹介しています。

どのタイミングで、どう声をかけるべきか、どんな言葉を使えばいいのかなど、KFCのDNAともいえるほめ方のコツをどんどん活用してください。

KFC流
ほめる技術 1

「何のためにほめるのか」を明確にする

ほめさえすればいいわけではない

「頑張って部下をほめているのに、部下がやる気になってくれない」

「ほめて育てることが大切だと言われても、どうほめればいいのかわからない」

リーダー研修の席で、そんな声をよく聞きます。

時代は変わり、部下を叱咤激励しながら動かしていたのは、もう昔のこと。今や、頭ごなしに叱るのは逆効果とされ、「ほめて動かすコミュニケーション」がマネジメントスタイルの主流となっています。

しかし、むやみやたらにほめても部下は成長しません。

むしろほめてばかりだと「あのリーダーは甘いな」とか「また部下をヨイショしている、もういいよ」などと、かえってネガティブな反応が返ってくることもあります。

なぜ、こんなことが起きてしまうのでしょうか。

それは、「なぜ、ほめられているのか」が、きちんと伝わっていないからです。

ほめる「目的」を自覚する

相手にあなたの気持ちが伝わらない理由、その原因は、あなた自身が何のためにほめるのか、その目的を明確に自覚できていないことが考えられます。

部下と良好な人間関係を築くためでしょうか。部下のやる気を引き出すためでしょうか。それとも、部下に嫌われないためでしょうか。

どんな事情、背景があったとしても、リーダーが部下をほめる目的は一つです。

それは、部下を成長させて「組織やチームとして成果を挙げるため」です。

「この作業のコツを覚えてほしい」「できたことに自信を持ってほしい」なども、もちろん目的です。しかしそれはあくまで、長期的な成果を挙げ続けられる組織にするという大きな目的を達成するための育成ステップの一つ。

リーダーの役割は、組織をまとめ上げ、成果にまい進するチームにすること。したがって、リーダーは、最終的な目標・成果を常に意識して何に価値を置いてほめるのかを明らかにしたほうがいいでしょう。

短期的な成果を積み重ねることで部下が成長し、部下が成長することで組織も成長します。組織が成長すれば部下にも恩恵があります。

「このビジネスで幸せになれる」そう考えられるようになれば、やりがいを持って楽しく仕事に取り組めるようになるからです。

目的をはっきりと自覚したら、臆することなく堂々と部下をほめましょう。

そうすれば部下のやる気を引き出せるだけでなく、ほめられた行動に部下の焦点も向かうようになります。

認められることで人は成長する

人は、ほめられたらうれしいですし、もっと頑張ればもっとほめてもらえる、認めてもらえると考え、モチベーションを高く持って、より努力をするようになります。結果、部下の生産性は確実に上がります。

時給1000円のアルバイトが3000円の働きをする人財に成長したり、組織やチームにも大きな成果をもたらすことも可能になるのです。

さらに、ほめることを通して会話も増えるので、コミュニケーションも細かくとれるようになります。

「部下をほめるのはどうも苦手」「照れくさい」「自分なんかにほめられても喜ばないのではないか」などと思うかもしれません。ですが、目的とリーダーの役割を自覚すると、自然とその考えはなくなります。ほめるときはどんどんほめましょう。

POINT

◆ほめる「目的」を明確にする

「ほめる」のは組織に成果をもたらすためだと心得る

ほめることで部下の生産性は向上する

部下の生産性が向上すれば組織の成果につながる

KFC流
ほめる技術 2

ほめる前に興味を持って観察する

「あら探し」は成長の妨げになる

先ほどもお伝えしましたが、部下はただほめればいいわけではありません。リーダーにはほめる前にやるべきことがあります。それは、

「この人はどういう人なのだろう」

「何をしているのだろう」

「どんなことに喜びを見いだすのだろう」

など、興味を持って部下を観察することです。

新しい店舗に店長として配属されるたびに私が最初にやることは、店舗の状態の観

察です。一緒に働く仲間たちについて早く知るためです。

あまりに私がじっと皆を見ているので「森さんが店長のとき、いつもよく見ているなあと感心していました」と後日、アルバイトに言われたことも一度や二度ではありません。

気をつけていただきたいのが、観察の目的は「あら探し」ではないということです。できていないこと、ミスをする姿なども見えてきますが、そのことばかりに目がいってしまっては、その人の持つ本来のよさ、価値を拾いきれなくなってしまいます。あくまで相手を理解したいという気持ちで、愛情を持って観察してください。

「愛情」の反対語は「憎しみ」ではなく「無関心」だとされます。

つまり「関心を持たれている」と感じることは「愛情を持たれている」と部下に感じさせることでもあるのです。

「やっていることをリーダーに見てもらえている」とわかれば部下も安心します。人は安心できる環境でないと、十分に能力を発揮できません。

興味、愛情を持ってまずは観察する。

これはすぐにでもできるはずです。今日から始めましょう。

ホームランよりも好選球をほめる

日本人はほめるのが苦手です。

そのため、つい、ほめやすいことをほめてしまうものですが、リーダーとして信頼されるようになるには、このやり方は間違いです。

たとえば、野球の試合で逆転満塁ホームランを打った選手をほめるのは簡単です。結果が明らかですから。

ですが、満塁に至るにはそれまでのストーリーがあります。四球を選んだ先頭打者の好選球がきっかけとなったのであれば、まず先頭打者の功績をほめましょう。

そもそも人は、誰が見てもわかる結果をほめられるより、陰で行ってきた努力や工夫、アイデアなど、すぐに目にはつかない細部をほめられることに「わかってくれたんだ！」と感じて喜びます。

ホームランを打った選手にはポンと肩をたたくくらいで十分でしょう。

わかりやすい結果だけでなく、陰の努力など、細部もきちんとほめるようにすれば、「ちゃんと見てくれている」と、部下のあなたに対する信頼感はぐっと高まります。

また、愛情を持って観察していれば、部下のちょっとした変化にも気づきます。ささいな変化にも声をかけてあげましょう。

「今日もいい声で挨拶しているね」

「少し疲れているようだけど大丈夫?」

などといったささいなひと言の積み重ねが「ちゃんと見てもらっている」ことをより強く部下は感じ、安心し、信頼します。

常日頃から観察していれば、どんな小さな変化であっても、気づくようになります。気づいたら、声に出してほめましょう。

POINT

◆ほめる前に「観察して理解する」

興味を持って部下を観察する

陰の努力も逃さない

「見てもらっている」と思えば部下は安心感を覚える

KFC流
ほめる技術 3

部下が安心して働ける環境を整える

環境が悪ければほめても意味はない

ほめて部下を動かすには、労働環境が整っていることが大前提です。給料が出ない、職場が散らかっている、職場の人間関係がギスギスしている。こうした労働環境のもとでは、いくら部下をほめても効果はありません。

リーダーが何を言おうと、安心して働ける労働環境にない場合、説得力は生まれないからです。

離職率が低く、アルバイトのモチベーションを上げることに定評のあるＫＦＣの根底を支えているのが、「レコグニション＝賞賛」の文化です。

ＫＦＣのフランチャイズシステムは、カーネル・サンダースの「オリジナルチキン」の味に感動した実業家で、１号店を開いたピート・ハーマンが基礎を築いたものです。彼がなにより大切にしていた信条が、「ピープル・ビジネス」。顧客だけでなく働く人を大切にし、幸せにするという意味です。

ハーマンの店舗では、なんと親子３代で働いている家族がいたほど。それだけハーマンの店は従業員にとって安心して働ける環境だったということでしょう。

「ピープル・ビジネス」は、ＫＦＣのライセンスを提供しているヤム・ブランズで今も受け継がれています。また、組織の核となる価値観を示した「共に働くための原則」にも、「レコグニション＝賞賛」の大切さが大きく掲げられています。

ヤム・ブランズの成長の秘密を著した『カスタマー・マニア！』（ダイヤモンド社）の著者でリーダーシップの権威でもあるケン・ブランチャードも、次のように言っています。

「ヤムは『レコグニション』を〝戦略〟として採り入れることで成長を続けてきた。ヤムのトップは、最初から『レコグニション』が従業員のモチベーションを向上させ、離職を防いで定着率を上げることを知っていた」のだと。

人は自分の〝居場所〟と感じられる場所でチャレンジしたいと思うものです。「レコグニション」文化が根づいている組織では、人は「職場は自分が輝ける場所である」と考えるようになります。そこにいて行動するだけで「認められ、ほめられ、時には表彰される」わけですから当然です。

職場を〝自分が輝ける場所〟と思えれば、人はそこから離れようとはしなくなります。むしろ自分の居場所を守ろうとして働き始めるでしょう。

安心を提供して成長を支える

その前提となるのが、安心して働くことができる良好な労働環境です。

子どもが成長する過程を考えてみましょう。

学校や家庭が子どもにとって安全で安心できる場であれば、子どもはいろいろな遊びにチャレンジしたり我を忘れて何かに夢中になったりしながら成長していきます。ところが、自分が守られていない・安心できないと感じると、子どもは自分を守るために心を閉ざしたり、人を傷つけたりするようになってしまいます。

大人も同じです。

安心して働ける環境でなければ、自分を守ろうとして、ほかを遮断しようとします。反対に安心して働ける環境では、人は心を開いて、いろいろなことにチャレンジしようと素直に思い、動きます。

心理学では、この安全・安心の環境を「心の安全基地（セキュアベース）」などと呼んでいます。安心して働ける環境を整備することこそ、リーダーが初めに取り組むべきことと言えるでしょう。

POINT

◆レコグニション文化を根づかせる

安心して働ける環境を整備する
部下にとっての「居場所」をつくる
チャレンジは、安心のうえに成り立つ

KFC流
ほめる技術 4

「人格」ではなく具体的な「行動」をほめる

ほめる対象は部下の「人格」ではない

「君は性格がいいね」「あなたは正義感が強いよね」など、人格的なことをほめても直接の成果には結びつきません。

部下をほめる第一の目的は、あくまで組織の生産性を向上させて成果を挙げるためです。

組織全体の成果は、一人ひとりの行動の積み上げでしか挙げることはできません。

行動がすべてといってもいいでしょう。

ほめるときは行動にフォーカスし、その行動を具体的にほめるようにしてください。

あなたが2人の上司から次のようにほめられたとします。

どちらが、うれしく、よりやる気が出るでしょうか。

A「あなたはいつもよくやってくれているよね。ありがとう」

B「トイレを見たら、便器の中までピカピカだったよ。目の届かないところまで丁寧に掃除してくれたんだね。ありがとう」

Bの上司の言葉は具体的なので、何がよかったのかが明確ですね。

しかし、Aの上司の言葉はどうでしょう。

「もしかしたら、トイレ掃除のことかな」と推察はできても本当にそうかはわからないまま。せっかくほめているのに具体的なことがわからないため、次につながらないのです。

「あなたのやっていることは素晴らしいね」とか「いつも助かるよ」「最近よくやっているね」などと言われても、具体的なことがわからないと部下にはピンときません。

せっかくほめるのですから、部下が何をほめられているかがわかるようにしましょう。

行動した直後のタイミングでほめる

最も伝わりやすいのは、部下がよい行動をした直後のタイミングでほめることです。よいことをした直後にほめると、心に響きやすく効果も高まります。

ＫＦＣの店舗では次から次へとすべきことに対応しなくてはいけないため、「あの時のお客様への対応はよかったよ」とあとから言われても、思い出せないこともあります。

店長をしていた頃はお客様に迷惑がかからない範囲でなるべく早めに部下のもとに駆けつけ、「今、手のふさがったお客様のためにドアを開けてあげていたよね。ありがとう」などとフィードバックするよう心掛けていました。何かと店長が飛んでくるため、部下も戸惑っていたかもしれませんが、こうするようになってから格段に部下の成長のスピードが上がっていきました。

部下がよい行動をしたその場にあなたがいないこともあるでしょう。その時は部下のよい行動を伝え聞いたら、次に会った時にすぐそのことをほめましょう。

そのためにも普段から、誰かがよい行動をしたら、リーダーのもとに報告があるような環境を整えておくことも必要です（具体的なやり方については後述します）。

「新人のA君が、あなたに親切に教えてもらってできるようになったと喜んでいたよ」

「Bさんは、作業を学ぶ姿勢が積極的だから教えていて気持ちがいいってCさんが言っていたよ」

など、伝聞形式でほめることは、直接ほめられるのとはまた違い、チームの一員として認められた感じを強く与えます。

POINT

◆具体的に行動をほめる

人格ではなく行動にフォーカスする
よい行動を見たら間髪おかずに声をかける
伝え聞いたら、次に会った時にすぐほめる

KFC流
ほめる技術 5

ほめるテーマを決め、事前に共有する

意識することで効果が上がる

常に部下の行動を観察しながら、よい行動があったらすぐにほめて伸ばす。ほめる目的は、部下を育て成果につなげること。

どんなふうに成長してもらいたいか、部下をどのように伸ばすべきか、事前にプランニングしたうえで、計画的に「レコグニション」を行いましょう。

ほめるという戦略だけでは実効性は期待できません。戦略は計画に落とし込むことで効果が期待できるからです。

プランニングといっても、それほど難しいことではありません。今週はどんな分野を強化したいか、ほめるテーマを決めておくだけです。

たとえば、「今週は〝スピード＆サービス〟を重点的に賞賛する」とテーマを決めたとします。

KFCであれば、「より早くパーティーバーレルのセットを完成させた人」がいたらわかりやすくほめる。飲み物をこぼしたお客様にすぐにタオルを持っていった人がいたらほめるといった具合です。

〝スピード＆サービス〟を向上させようとしている部下を「絶対に見逃さない！」ようにするのです。

テーマは定期的に変えていきましょう。

次の週は〝オーダーの正確さ〟、その次は〝清掃〟など、計画的に実施していけば、店舗の総合力は飛躍的に上がっていきます。

また、テーマを決めたらチームで共有してください。共有することで、部下やメンバーもそのテーマ（行動）を意識するため、より効果が上がります。

さらに、あなたがいない時でも、サブリーダーが意識して「より早くパーティーバーレルのセットを完成させた人」をわかりやすくほめることができますし、アルバイト同士でも「さっき、こんなことをしていたね。その調子」などと、ほめ合うことだってできます。

ミーティングの場などで、誰のどんな行動が賞賛に値していたかを共有すれば、「なるほど。気がつかなかったけど、そういう行動もほめられるのか」といったさらなる共有が生まれます。

テーマを共有することで、チーム全体がより強化されていくのです。

計画を立てておけば、新たな気づきが得られる

「レコグニション」という言葉には、承認・賞賛・表彰のほか、会釈や挨拶、誰かに感謝や慰労の気持ちを述べることや名前を呼んで挨拶することも含まれます。

常日頃から、ほめるべき時はほめると同時に、承認・賞賛・表彰を計画的に行うことといいでしょう。特に表彰は1か月に一度行うなど、ルールにして定期的に行ってください。計画性を持って継続することで、部下も「今度は自分も」などと期待し、よ

り努力をするようになるため、チームや組織の変革につながっていきます。

また、テーマを決めてレコグニションを計画しておけば、そのことに集中して取り組めるので、お互いによい行動に気づきやすくなりますし、表彰というフィードバックとして返ってくるのでわかりやすく、バランスよく成長できます。

リーダー、部下ともに、「自分にどんなことができるだろう」などとそのテーマについて深く考える機会を得ることで、マニュアルには書かれていない、新たな発見があるかもしれません。

その発見こそが、チームの新しい行動の指標になっていくのです。

POINT

◆「ほめる」をプランニングする

週ごとに「ほめるテーマ」を決める
特にほめるテーマをチームで共有する
承認・賞賛・表彰を計画的に持続する

KFC流
ほめる技術 6

欠点も長所として注目する

欠点だってほめることができる

部下のモチベーションや生産性は、きちんとほめれば確実に上がる。

日々の指導の中でそのことを実感してからは、ささいなことでも積極的にほめるようにしてきましたが、失敗したこともありました。

私が店長をしていた時の話です。

主婦の方がアルバイトに来ていました。一生懸命やってはくれるのですが、何をやらせても作業が遅く、たまりかねてほかのアルバイトが手伝うこともしばしばでした。

そんな彼女のモチベーションを上げたいと考えた私は、ある日、掃除をしている彼女に「掃除、頑張ってくれていますね」と声をかけました。しかし、心の中では、「もっと早くやってくれないかな」と思っていました。その日の彼女も、見るからに作業が遅かったからです。

そして、つい無意識に「その調子で頑張って、いろんな作業がもうちょっと早くできるようになるといいですね」と言ってしまったのです。ほめるつもりだったのに、これでは完全な嫌みです。彼女は「はい」と返事してくれましたが、恐らく感じ取っていたでしょう。

モチベーションを上げたいと思っていたのに、完全に逆効果になってしまいました。

ネガポジ変換で部下をほめる

私は彼女が一生懸命に掃除をしていることに注目して、こう言うべきでした。

「掃除が丁寧でいいですね」と。

「作業が遅い」ことをポジティブにとらえれば「作業が丁寧だ」と言い換えることができます。

ネガティブとポジティブは表裏一体です。

つまり、どんな特徴もすべて長所として変換すれば、ほめることができるのです。「理屈っぽい人」は「論理的な人」ですし、「口下手な人」は「聞き上手な人」でもあります。言葉をポジティブなものに変換して、積極的に部下の長所を見つけていきましょう。

特に日本人は他人の長所よりも短所に目が向く傾向が強いようです。部下より経験や知識が豊富なため、つい現在の自分と比べてしまい、部下の至らない点が目についてしまいます。

そのことをまず自覚し、常に部下のポジティブな側面に目を向けましょう。

POINT

◆欠点でなく長所に注目して「ほめる」

リーダーは常にポジティブな面を見るべき
欠点も言葉一つでほめ要素になる
長所と欠点はコインの表と裏だと知る

ネガポジ変換一覧表

ネガティブ	⇒	ポジティブ
あきらめが悪い		粘り強い
あわてんぼう		取りかかりが早い
いばっている		プライドがある
怒りっぽい		熱い情熱がある
臆病な		用心深い
おせっかい		世話を焼く
堅苦しい		きまじめな
変わっている		独創的な
頑固		意思が固い
空気が読めない		マイペース
計画性がない		臨機応変な
ダマされやすい		人を信じられる
ぼーっとしている		自分の世界がある
無口な		思慮深い

短所と長所はコインの表と裏。ひっくり返すだけで簡単に部下のやる気を引き出せます。

本物へのこだわりが仕事に対する誇りを生む

＊本物を扱っているからプライドを持って働ける

ＫＦＣでは、創業者カーネル・サンダースが大切にしてきた「本物の味」を守るため、安全な素材を使い、店舗で手づくりした、できたてのおいしさを、最高のサービスと共にお客様に提供する姿勢を貫いています。

Fresh（新鮮）で、Healthy（安全で健康的）な食材をHandmade（手づくり）でHospitality（おもてなしの心）を持って提供する。

この頭文字を取って「ＦＨＨ＋Ｈ」と呼んでいます。

ＫＦＣの店舗では、「ＦＨＨ＋Ｈ」の精神に則って、みな仕事をしています。

たとえば、ＫＦＣの主力商品である「オリジナルチキン」。

あのスパイスの香りを嗅ぐと、思わず「食べたい！」って気持ちになりますよね。

ＫＦＣの「オリジナルチキン」に使用する国内産「ハーブ鶏」は、ハーブ原料を加えた飼料で育てた健康でおいしいチキンです。

ＫＦＣ独自の厳しい認定基準を満たした国内のＫＦＣ登録飼育農場で飼育され、徹底した安全・衛生管理のもと、ＫＦＣカットチキン生産認定工場でカットされて、厳格な品質管理のもと毎日店舗に届けられます。

すべての工程で基準に合格したチキンだけが、店舗に届くというわけです。

そして、独自のチキン調理ライセンス（チキンスペシャリスト）を持つスタッフの管理のもと、カーネル・サンダースから受け継いだ伝統のレシピどおりに、1ピースずつ丁寧に粉つけし、圧力釜で調理し、余分な油を落として、おいしい「オリジナルチキン」となるのです。

チェーン店なのにここまでこだわるなんて、と思うかもしれませんが、ここまでこだわっているからこそ、ＫＦＣの社員もアルバイトも誇り（プライド）を持って働けるのです。自分の働いているところの商品が、唯一無二の本物であったら、それを大事にしようという気持ちが生まれてきます。

＊ほめ言葉を活力にできる本物の仕事

お客様から「やっぱりフライドチキンを食べるならＫＦＣでないとね！」などとおほめの言葉をいただくことも少なくありません。

この時、本物を扱っているという自信があるからこそ、誇りがあるからこそ、ほめ言葉を堂々と受け止めることができます。そして、「頑張っていてよかった」「もっともっと、よいものを提供しよう！」と前向きな気持ちになります。

お客様の言葉が活力になるのです。

一方、誇りをもって仕事をしていないと、お客様からのせっかくのほめ言葉も心に響きません。「この仕事をしていてよかった」とやりがいを感じる機会もありません。

そして、今の仕事にこだわりを持つことなく、ほかの仕事、職場を探すのです。

人は、誇りを持っていることを認められると幸せを感じます。

さらに誇りを持ってやっていることで人を幸せにできたら、より幸せを感じます。

幸せのサイクルを生み出す「本物へのこだわり」。

ここにもアルバイトが辞めない理由が潜んでいます。

第4章

〝部下が成長する叱り方〟

私の辞書に“諦める”という文字は
ありませんでした――。

カーネル・H・サンダース

叱る
ことも、部下を動かすには欠かせないコミュニケーションです。

ところが多くのリーダーが「叱り方がわからない」「叱るのが苦手」と言います。

もちろん、叱らなくて済む状態がいちばんいいでしょう。

しかし、ミスをしない人間はいません。

起きてしまったミスをいかに成長の材料にするか。それには、叱って伝えることが有効な場合も少なくありません。

部下の成長には、正しい知識と正しい判断力、そして行動基準が必要です。

誤っているなら早いうちにその旨を指摘し、正すべきところはきちんと正す。それがリーダーの役割です。

ただし、叱り方を間違えると、部下の可能性をつぶしてしまう可能性もあります。

叱る目的は、あくまで部下の成長のため。

正しく叱れば、誤りを正すことができるだけでなく、部下に自信を持たせることにもつながります。

また、ミスや問題が起きた時、正しく叱り、伝えることで、組織やチームの目指すべき基準を明確にすることができます。

つまり、チームや組織が成長するチャンスにもなるのです。

第4章では、部下を叱るとはどういうことか、そして、効果的に叱るために気をつけることなど、KFCの精神に則って、これまで多くの部下を指導してきた中で培ってきた叱り方、さらには叱らなくて済む職場づくりの方法を紹介します。

叱るうえで最も大切なのは、相手に考えさせること、理解させ、次の行動につなげることです。

叱る時はしっかり叱り、部下、そしてチームを成長させていきましょう。

KFC流 叱る技術 1

「何のために叱るのか」を確認してから話す

叱る目的は反省させることではない

第3章で、部下を成長させるには、ほめる目的をリーダーが明確に自覚していなければならないとお話ししました。

部下を叱る時も同じです。

なぜ叱るのか、目的を明確にしておく必要があります。

リーダーが部下を叱る目的は、組織やチームの基準を明らかにし、前に進めることです。時には厳しく叱責する必要もあるでしょう。規則上、罰を与えなくてはならないこともあるかもしれません。

ただし、部下の存在を傷つけるようなことはあってはいけません。

次の叱り方を比べてみてください。

A「こんなミスをするなんて、だから君はダメなんだよ」
B「こんなミスをするなんて、いったいどうしたんだ？」

いかがでしょう？

Aはミスをした相手そのもの、つまり存在を否定していることに気づいたでしょうか。もしあなたが上司からAのような言い方をされたらどうでしょう。自分の存在を否定されたと思うのではないでしょうか。「君はダメ」などとその人自身にダメ出しをしてしまうと、「どうせ私はダメな人間なのだ」と、そのことばかりが頭に残り、モチベーションが下がってしまい、頑張ることをあきらめてしまいかねません。

一方、Bのような言い方を上司からされたらどうでしょう。ミスをしたことを素直に反省し、挽回したいという気持ちにならないでしょうか。なぜならBの言葉には、むしろ「本当ならもっときちんとできるはず」といったあなたへの〝期待〟が込められているからです。期待されたら応えようとするのが人間です。「今度こそ頑張ろう」とモチベーションを高めることでしょう。

ちょっとした言い回し一つで、効果が大きく変わります。叱る前に、何のために叱るのかを再度意識し、勢いや感情に任せて叱らないよう気をつけましょう。

叱らないことのデメリット

「叱る」のは誰でも嫌でしょう。できれば叱らずに済ませたい、そう思う人も多いのではないでしょうか。

しかし、叱る理由がないならともかく、叱る理由があるのに叱らずに済ませるのは、部下の成長の機会を奪うことにつながります。また、叱らないことで「これでいいんだ」と部下に思われると組織全体の士気も下がってしまいます。

ミスやマイナスの行動を意識して改める機会を与えることは、上司にしかできません。それどころか、叱らないことでかえって部下のやる気を失わせることもあります。

スーパーバイザーをしていた時に担当していたある店の副店長は、部下やアルバイトに嫌われることを極度に恐れ、ミスがあってもほとんど叱れませんでした。

そのため、ミスがどんどん増え、緊張感もなくなり、活気のない店になってしまいました。そして、多くのアルバイトが店を去っていきました。ミスをしても叱られないことで「あの副店長は自分たちのことなんて、どうでもいいと思っている。頑張っても意味がない」と考え、アルバイトがやる気を失ってしまったのです。

叱るべき時に叱らないのは、「あなたに興味がない」「あなたが成長しようとしまいとどうでもいい」とのメッセージを送っているようなもの。これでは、組織やチームは向上しません。

部下の成長のための言葉、行動とは何か、叱る前に必ず振り返って考えましょう。

POINT

◆叱ることは部下を動かすツールである

叱る目的は、組織の生産性を上げること
叱られない部下は組織に愛を感じない
感情や勢いで叱らない

KFC流
叱る技術 2

叱る前にルールや基準を共有する

「なぜ叱られているの？」かがわからなければ反省できない

真夜中に目が覚めてトイレに行って水を流したら、怒られた。

そんなことが起きたら戸惑いますよね。

日本ではないでしょうが、スウェーデンでは騒音対策のため、夜10時以降、人が住んでいるアパートでトイレの水を流すことは禁止されているので起こりうる話です。

ルールを知っていれば守ることができますが、知らなければ守りようがありません。

それは職場でも同じです。

たとえばKFCでは、仕事中のピアス装着を禁止しています。お客様にお出しする商品の中に落としてしまう危険性があるためです。アルバイトがピアスをつけていたら当然注意します。

ですが、事前にそのことを説明していなかったらどうでしょう。

相手からしたら突然のことにびっくりするでしょう。そして、「先に言ってよ！　知っていたらちゃんと外したのに」とムッとするはずです。

事前に教えてもらっていないことで注意されることが二度三度と続いたら「ほかにもまだ、言ってくれていないことがあるのではないか？　もしかしたら、ワザと教えてくれないのかも」と上司を信じられなくなるかもしれません。

そもそも「なぜ叱られているのかわからない」状態は、叱られる側にとっては苦痛なだけです。何が悪いのかわからないのですから反省のしようもなく、むなしさすら感じるでしょう。

好き好んで叱られる人はいません。そして、叱りたい人もいません。

わざわざ叱るのですから、お互いにとって意味のある時間にしましょう。嫌な思いをするだけ、ひいては関係を悪化させることになるなら、叱らないほうがよかったという、本末転倒な状況になってしまいます。

こうした事態を避けるためにも、叱る前にルールを共有できているかどうか、そのことをまず確認してください。ルールを知らないがために、守れていないということもありうるからです。

ただし、ルールを知っているのに守っていなかったのであれば、しっかり叱りましょう。叱られるほうも、叱られる理由がわかるので、納得して話を聞き、改善します。

守ってほしいこと、やってほしいこと、目標達成のための行動基準があるときはルール化し、共有しておきましょう。

KFCでは、ルールを知らなかったという状況が発生しないよう、新人アルバイトの第1日目に「ハウスルール」（131ページ）として守るべきことを理解してもらう時間をとります。

守るべきルールは大きく次の4つです。

1　約束を守る

2　正しい身だしなみを守る
3　正しい態度で接する
4　正しい言葉遣いで接する

シンプルで非常にわかりやすいので、私も店長時代から「正しい」とはどういうことか、ミーティングのたびに全従業員に伝え、店舗の基準をリマインドさせるツールとして重宝していました。

やってはいけないことを明確に決めて共有し、そのルールに違反した時は必ず叱る。これを徹底させてください。

ルールが決まっていないときは

仕事である以上、ルールで決めていないことで、叱らなければならないシーンもあるでしょう。

この場合は、組織の目的や目指す方向性・ビジョン、大切に考えること・価値観に沿って、その行動がどのように反しているのかを考えさせましょう。

きちんと「なぜ、その行動がよくないのか」、理由を認識させるのです。「社会人として当たり前」などといった言葉では、人によって認識が違ったりするので具体的にどんな行動が、なぜ当たり前なのかを質問して理解させましょう。

また、安全・安心な労働環境が確保できていないのに「私は君のためを思って言っているんだ！」などと言ってしまうと、一見、相手のことを思っているかのようなセリフですが、部下には伝わりません。

「そんなこと思っているんだったら、この環境を何とかしてくれよ」と思われてしまい、逆効果になってしまうでしょう。

POINT

◆叱るべき時に叱る

叱られている理由がわからないと部下は納得しない
行動基準はルール化して周知徹底しておく
ルールが決まっていない時は具体的に指摘する

KFCのハウスルール

KFCの顔として貴重な体験を積めるように以下の4つを守りましょう。

1 約束を守る

信頼関係を持って働くためにお店のルール（約束）は必ず守ります。

2 正しい身だしなみを守る

KFCの一員として清潔な身だしなみを整えます。

3 正しい態度で接する

いつも明るい笑顔できびきびとした動作を心掛けましょう。

4 正しい言葉遣いで接する

明るく大きな声で相手の目を見て話しましょう。

KFC流
叱る技術 3

叱っていいのは「行動」だけ

「行動」に焦点を当てて叱る

叱るときには部下の「行動」に焦点を当てます。

たとえば、部下が取引先に失礼なメールを送って相手を怒らせてしまったとします。

この時上司であるリーダーが「なんだよ、メール一つまともに送れないのかよ。ダメな奴だな」などとなじったところで、部下は「自分はメールも送れないダメ人間なのか」と傷ついて自信を失うか、反発するだけで、何の改善にもなりません。

「説明が不十分でお客様の質問に満足のいく答えを提供できなかった」

「決められた時間に間に合わなかった」

こういった場合、改善すべきポイントはその人の「行動」です。

「説明を十分に行えなかったこと」「決められた時間にメールを送らなかったこと」。その結果、不利益を生じさせたことが問題だからです。

それなのに、「遅れるなんて、社会人失格だ」などと、その人の人格・存在を否定するのは論理が飛躍しすぎていますし、部下は人間としての存在を否定されていると感じ、組織やリーダーに対しての忠誠心は失われ、不信感を抱きかねません。

人はその存在を否定されてしまうと「私はダメな奴だ」と否定的なセルフイメージを持ってしまったり、心が不安定になり、消極的になったり、言い訳をして何もしないといった新たなマイナス行動を知ることになります。部下の成長を妨げるなんて、チームを成長させる中心となるべきリーダーとしては失格ですよね。

遅刻のときは、「5分前に目標設定をすること」「スケジュール帳に予定を忘れないよう書き込んでおくこと」「毎朝その日の予定を確認すること」など、行動レベルでの改善を求めます。

行動レベルでの改善が難しい場合は、その人の能力に改善ポイントを探ります。

たとえば、

「決められた時間を守る人が持っていて時間を守れない人が持っていない能力は何か」

「どんな能力を身につければ時間を守れるようになるか」

などと本人に考えてもらいます。そうすることで、「人との約束を守る能力」「スケジュールを把握しておく能力」が必要などといった答えが出てきます。

続いて、その能力を身につけるために必要な行動は何かを考えさせましょう。

長々と叱るから余計なことを言ってしまう

最初のうちは冷静に注意をしていたにもかかわらず、気づいたら相手の人格を否定するような言葉を発してしまっていた、そんな経験はないでしょうか。

注意しているうちにヒートアップして、つい余計なひと言を付け加えてしまった。何度注意しても同じミスを繰り返す部下に、つい、腹立たしさを覚えて人格を否定するような嫌みや皮肉をぶつけてしまった。

その気持ち、どれもわからないではありません。

ですが、そういう時は自分が何のために今、叱っているのか、思い出してください。

あなたはリーダーとして組織やチームをまとめ、部下を成長させることで、成果をもたらすために働いているはずです。そう考えれば、感情にまかせて長々と嫌みや皮肉を言うことはなくなるでしょう。

あなたの姿勢で部下の言い訳や消極的な姿勢がなくなるのです。

POINT

◆「行動」だけを端的に叱る

人格・能力・バックグラウンドは否定しない
叱った後は相手に対策を考えさせる
リーダーの役割を自覚して嫌み・皮肉を言わない

KFC流
叱る技術 4

時には「感情的」に叱る

叱る側が感情的になるべきときがある

リーダーは常に感情的にならず冷静に叱ることが大切だとお話ししてきましたが、感情的に厳しく叱責すべき時があります。

それは、組織やチームのために絶対に許してはならないミス、プロとしての自覚の欠如、周囲の人に悪影響を及ぼすような行為を部下が犯した時です。

普段と違った厳しい言葉や表情で叱ることで、犯したミスの重大さ、事柄の大切さを真剣に部下に伝えるのです。

部下も日頃は冷静に叱るあなたの厳しい様子に「ただごとではない」と感じ、いつも以上に真摯に聞き、自分の犯したミスの重大さが身にしみるはずです。

ただし、感情的に叱責といっても、感情を爆発させたりぶつけたりするのではなく、あくまで頭は冷静に、そしてチームの信念や部下に対する愛情を忘れずに叱ってください。

「感情的になって（感情に流されるまま）叱る」のではなく「情熱を持って本気で叱る」のです。

部下を変えるのはリーダーの情熱

ＫＦＣの店長をしていた時のことです。

アルバイトのＫ君がチキンをぞんざいに扱っているのを見つけ、注意しました。

私　「さっき、チキンを放り投げていたように見えたけど？」

Ｋ君「あ、すいません……」

私　「本気で仕事をやっているのか？」

Ｋ君　「はい。ただ、ちょっと疲れていて気が抜けていました」

私　「本気って言うけど、私と同じくらい本気でやっていると言えるのか？」

Ｋ君　「でも、僕は店長とはもらっている給料が違います」

この答えに私はカチンときてしまいました。

私　「給料は役割に応じて支払われるものだ。そして気持ちに上下関係なんて関係ない。Ｋ君はキッチンのプロとして１００％の本気で向かっていたのか？」

私はつい感情的になり、結構大きな声で怒鳴ってしまいました。Ｋ君は黙っています。大きく深呼吸して気分を落ち着かせてから、私は冷静に言葉を続けました。

私　「うちは地域一番店をみんなで目指しているんだ。プロとしての仕事をしよう。Ｋ君の誤った態度を店長の俺がいいよって認めたら、うちのブランドはどうなるんだ？　仕事をしている時はプロだ。ユニホームを着ている以上は気を抜くな」

するとK君は反省した様子で「はい、すいませんでした」と返事をしてくれました。
そこで私は、「わかってくれたのならいいよ。で、今後どうしたらいいと思う？」と問いかけました。

K君　「え？」

私　「ほかの人も同じことをする可能性があるのではないか？　それを防ぐにはK君には何ができる？」

K君　「今日のことを業務連絡ノートに書いておきます。それから、一緒に入るアルバイトにもプロ意識を持つように言います」

翌日からK君は変わりました。
後輩に「プロなんだから、ちゃんとしよう」と言うようになったのです。確実にK君の中にプロ意識が芽生えたことがわかりました。
私が冷静に「プロとしての仕事をしなさい」と注意するだけでは、彼に大きな変化は起きなかったかもしれません。

K君とは、彼が大学卒業と共にアルバイトをやめ、就職してから会う機会がありました。

「店長はいつも本気でしたね。あのときの店長の真剣さは怖かったけど心に響きました。〝プロ意識〟って言葉、今でも使わせてもらっています」

本気で叱るからこそ、通じ合えるものもあるのです。

何事も理論だけではうまくいきません。相手も人間ですから、本気で向かい合ってこそ、部下の心にも響くのです。

POINT

◆情熱を持って部下を叱る

言葉は感情的に、頭は冷静に
絶対に許してはいけないことは厳しく叱責する
本気で向き合えば、必ず部下に伝わる

KFC流
叱る技術5

叱った後の「改善」をほめる

叱った後の接し方が肝心

部下を叱った後は、より注意してその部下の様子を観察することが必要です。

そして、あなたに叱られた行動を改善しようとしている部下の姿を見つけたら、見逃さずに言葉をかけて、その努力を認めてあげましょう。

その言葉で部下は上司が認めてくれていると感じ、前に進むことができます。逆に行動に対してのフィードバックがないと、自分のやっていることがあっているのかがわからず、自信をなくしてしまいかねません。

ミスがあれば叱る、改善すればほめる。

このメリハリが、指導の効果を高め、あなたに対する部下の信頼感をより強いものにするのです。

信頼関係を強めていくことで、あなたに叱られても、部下は「自分のためを思って叱ってくれている」「これは自分を成長するための激励なのだ」などと思うようになります。

よく「叱った後、部下と気まずくなった」「関係がぎくしゃくするようになった」と言う人がいます。「叱ることができなくなった（怖くなった）」という人もいました。

ですが、リーダーの仕事は組織（チーム）を成長させて成果を挙げることです。叱るのもそのためにリーダーがやるべきこと、つまり、役割です。叱った後は感情的なしこりは水に流して、前に進もうという姿勢を見せることが大切です。

叱ったことをチームとして共有する

部下を叱った時は、その理由をチーム内で共有しましょう。

チームとしての正しい行動基準を明らかにするために必要です。

ただし、ミーティングの席などで「この前、××君がこういうことをしたから私は叱った。みんなはそういうことをしないように」といった共有の仕方は、ミスをした当人のプライドを傷つけるだけです。やる気をなくしてしまう人もいるでしょう。

共有するときは、まずチームのどんな基準に反したのかを明らかにします。どのように反したのか、そしてそのことでどのような影響があるのかについて明確に説明するのです。

共有と同時に、ミスした人に対し期待していることも伝えると、自分たちがリーダーから大切にされていることが感じられ、叱られた部下は反省をバネにその後大きな進化を遂げてくれるでしょう。

POINT

◆叱った後のフォローが効果を高める

しっかり観察して改善の努力を見つけ出す
改善の努力を見つけたらすかさずほめる
叱った理由を共有することで、みんなで成長する

KFC流
叱る技術 6

問題が起きた時は組織の問題として対応する

問題が発生した場合の叱り方

誰か一人のミスが時に大きな問題、トラブルとなってしまうこともあります。

当然、当事者を叱ることになりますが、日常のミスと同じレベルで叱っただけでは、本人が事の重大さを理解するのは難しいでしょう。また、問題やトラブルに対する姿勢は、まじめに仕事をしているほかのメンバーのモチベーションにも影響を与えます。

さらに、個人の問題として片づけてしまうと、同じ問題がチーム内に再発する危険性を残したり、再発した際に見逃してしまうリスクが生じてしまいます。

ＫＦＣでは問題行動を起こした部下に対して店長が叱るときは、部下の行動を改善

問題が起きた時の叱り方

1 調査する

情報収集、当事者・関係者と面談する

2 分析する

違反点を明確にする

3 対応する

再教育または懲罰など対応方法を決定する

4 話し合う

問題行動を解決する

させ、教育・トレーニングを行う機会としてとらえるよう、次の4つのステップで行うようにしています。

それぞれ、お話ししていきましょう。

1　調査する

たび重なる遅刻や悪態をつくなどといった勤務態度の不良、ハラスメントの疑いがあったなどの問題に対処する場合、憶測や入ってきた情報だけで判断せずに事実関係を調査することが必要です。

問題行動を調査するときは、まず、当事者と関係者から話を聞きます。

その際のポイントは、次の3つです。

① 事前に上司に問題行動の対処にあたることを報告すること

上司が過去に同じ事例を経験している可能性や、訴訟沙汰など問題が大きく発展してしまう危険性があるため、調査を始める前に必ず上司に報告しましょう。

② 調査で収集した情報は正しく記録しておくこと
③ 対応は迅速に行い、結論は性急に出さないこと

当事者から話を聞くときは、ほかの人に話を聞かれないよう、場所選びには配慮し、必ず1対1で行いましょう。

面談の目的、守秘義務を守ること、事実が明確になるまでは結論を出さないことを伝え、5W1H（誰が、いつ、どこで、何を、なぜ、どのように）を明らかにするためにオープンクエスチョンで中立な立場で質問します。この時、断定的な質問（「こうに違いないだろう？」など）や誘導尋問をしてはいけません。

内容は詳細にメモをします。態度や言葉遣い、面談者と面談日時も記録しましょう。

面談が終わったら話の内容をまとめて復唱し、面談者（部下）に内容の相違がないかを確認します。

同様に関係者全員に聞き取り調査をします。

関係者にも面談の目的を伝えますが、この調査は店舗をもっと働きやすい職場にす

るために行うので協力してほしい旨を伝えましょう。

なお、調査の対象は、当事者のみであったり、関係者から先に聞き取り調査をしたりと、その時の案件によって変わります。

ハラスメントの場合、いきなり当事者に聞くと証拠もないのに犯人扱いされたと感じられることもありますので、先に関係者から聞き取りをしたほうがよいでしょう。

2 分析する

調査が終わり、情報がそろったら、調査で判明した事実を問題行動を起こした当事者に確認し、弁明の機会を与えます。これも調査時と同様、話をよく聞いておきましょう。誰による何に対する違反なのかを明確にします。

たとえば遅刻が度重なる場合だと、ＫＦＣの場合はハウスルールの「約束を守る」に違反していますので、その旨を伝えます。就業規則に倫理規定が設けられているところが多いと思いますので、照らし合わせてみるといいでしょう。

3 対応する

処分の内容を検討します。

この時、注意すべきなのは、処分はあくまで問題行動を繰り返させないためのものであり、単に当事者を罰するために行うものではないということです。教育やトレーニング、カウンセリングで改善させることが大切です。

処分には戒告（口頭注意）、けん責（戒告に加え始末書など改善書面を提出させる処分）、出勤停止、減給、解雇などがありますが、会社ごとに権限やルールが違いますので、必ず上司と相談のうえ処分は決めましょう。勝手な判断で行うと、逆に対応していたリーダー自身が処分対象となってしまう可能性もあります。注意しましょう。

4 話し合う

処分内容が決まったら、その内容と今後について、当事者と話し合いをします。

話し合いの目的は、問題を解決に導き、メンバーが働きやすい職場にするための今後の行動計画を決めること、そして、単に処分しようとしているのではなく問題行動を改善してほしいと思っていること、今後の行動計画を考えて真剣に取り組み、問題行動を改善しないとさらなる処分の対象になる可能性があることを理解してもらうためです。

話し合いの手順は、次のとおりです。

- 話し合いの目的を説明する
- 問題行動を正しく理解しているか、どれだけの影響を与えたか、原因がどこにあるかを質問で聞き出す
- 改善のための行動計画をオープンクエスチョンで当事者から引き出す
- その行動計画に面談者である店長と当事者が合意する
- 最後に話し合った内容を復唱し、行動計画を実行する予定を立て、前向きな調子で終える

ここで大切なことは、本人の考えを尊重して採用し、店長と合意をすること。共に改善する気持ちを共有することで当事者の意識も前向きに変わります。

問題行動を解決するための
話し合いの手順10のチェックシート

話し合いはポイントが押さえられているかどうかで、効果が大きく変わります。

会議中は、押さえるべきポイントを落としていないか、会議等で発表する場があるなら事前にポイントを押さえた原稿になっているか、シートを使って確認しましょう。

- □ 話し合いの目的を説明しているか
- □ 問題解決を目的とした前向きなものであることを理解させるために明るい口調で話しているか
- □ どの行動がなぜ問題なのか？　具体的にかつ簡潔に説明しているか
- □ 話がテーマからそれないようにしているか
- □ 問題行動に関し何が問題なのか、当事者の考えを聞いているか
- □ 問題行動の原因がどこにあるか、当事者の考えを聞いているか
- □ 当事者に改善行動計画についてオープンクエスチョンを使いながら考えさせているか
- □ 改善行動計画に双方が合意しているか
- □ 話した内容をおさらいし、そのスケジュールを確認しているか
- □ 話し合い終了後は、当事者の行動を観察し、フィードバック、支援しているか

後は当事者をフォローアップし、進捗状況を観察します。当事者が真摯に努力している場合はきちんと賞賛してください。逆に問題行動が続いているようだったら、処分を検討せざるを得ない場合も出てくるでしょう。
私の経験上、遅刻やつまみ食い、反抗的な態度をし続ける人は、このプロセスを経ることで、問題行動が改まるだけでなく、チーム力も向上し、前に進むエンジンに変えていくことができます。未来のチームの発展につなげられると、当事者もさらに頑張ろうと前向きになるのです。

POINT

◆大きな問題こそ微細なところまで意識すること

問題発生時は4つのステップで対応する
まず調査をし、分析して、対応を決め、話し合いを行う
問題行動もチームを発展させるチャンスと捉える

COLUMN 4

ＫＦＣの離職率が低い、もう一つの秘密

＊問題が発生しない職場づくりを心がける

チーム内で個人の不注意や怠惰な姿勢によって問題が発生すると、そのチームの士気は当然下がります。

ＫＦＣでは、不注意によるやけどやケガ、遅刻、もめごとやハラスメント、従業員が起因した苦情などといった、部下の士気が下がってしまうような問題発生を防ぐために、「働きやすい職場づくり」を店長だけでなく、アルバイトのリーダーにも実践してもらっています。

ポイントは次の３つです。

・お客様と従業員を危険から守る安全な店舗環境にすること
・精神的に働きやすい職場づくりを心がけること
・労働法規を順守すること

ＫＦＣの店舗では様々な価値観を持った人たちが働いています。価値観はそれぞれの過去の体験からつくられますから当然といえば当然です。

店舗が同じ方向を向いて前向きなエネルギーを発するには、店長が部下一人ひとりを大切にし、働きやすい環境をつくらないといけません。

それには、全員が尊重されて公平で嫌がらせや差別を未然に防ぐことのできる職場づくりが必要というわけです。

＊辞める理由がなければ辞めない

リーダーがいくら相手のためと思って指導したり、叱ったりしても、相手が不快に感じたら、それはハラスメントになります。ちょっとした気持ちの行き違いで敵対することになってしまうなんて、もったいないですよね。

これを防ぐには、日頃から信頼で結ばれたチームをつくっていること。

ハラスメント自体が「悪」であることを、ミーティングや掲示物で常日頃から明確にしておくこと。

そして、問題と感じたり、悩んだりした時に相談できる仕組みをつくっておくことです。

実際にハラスメントを受けている人は中々、自分から言い出せないものです。

また、職場環境に不安や不満を抱えていると生産性も下がりますし、ほかのメンバーへの士気にも影響を与えます。

KFCの店長は日ごろからアルバイトが不満を持った時に、気軽に相談できるような雰囲気をつくっておくことが大切だという共通認識を持っていますし、アルバイトのリーダーにも、不快な思いをしているアルバイトがいないかよく観察をし、好ましくない兆候を発見したら即報告をするよう指導しています。

＊日頃から不満を調査する

さらに、部下の不満を調査する仕組みが3つ、KFCにはあります。

1 退職者への面談

やむなく退職するアルバイトには、従業員の環境改善を目的として「どうして辞めるに至ったのか」、その本音をインタビューします。

退職者は「学業が忙しくなった」などと、表向きであろうと思われる理由をつけることがほとんどですが、本音を言ってくれる人もなかにはいます。こうして得られた情報を、今後の店舗改善に活かすのです（「よい職場づくりをしていきたいから」と約束することで、退職者もＫＦＣファンのままでいてくれます）。

２　ボイスオブチャンピオン

店舗と直接関係のない第三者が従業員にインタビューします。退職率が高い店舗や問題が多く発生する店舗の実態を把握するために行います。

３　従業員相談センター

店舗で解決できないことがあった時に誰もが相談できるところです。いつでも連絡できるよう、店舗にポスターも掲示しています。

このように、問題やトラブルが大きくならないよう、あらかじめ、ルールや仕組みや環境をつくっておくことで、安心して働ける職場にし、不平、不満も減り、辞める理由がなくなっていくというわけです。

第5章

チーム力を上げる部下のまとめ方

「できることはすべてやる」

そして、

「できるかぎり最善を尽くしてやる」——。

カーネル・H・サンダース

リーダーの仕事とは何か——。

「リーダーになったものの、チームがバラバラでまとめることができない」

「部下が勝手に行動するので、その後始末に追われて本来の仕事ができない」

「自分は正しいのに誰も協力してくれない」

リーダーシップの研修をするたびにこうした悩みを相談されます。

チームをまとめ、方向性を示し、成果を挙げる、それがリーダーの役割です。

そもそもリーダーは、単なる「肩書」ではありません。

人から与えられてなるものではないのです。

「リーダーになろう」。そう決めた人が、リーダーなのです。

目の前の今の状態に問題意識を持ち、もっとよりよい未来をつくりたい、そう思える人こそがリーダーです。

「今できることは何か」を常に自分に問いかけ、行動している、その姿を見て周囲も反応するようになります。さらに、その反応を見て、「改善できることは何か」

を考え、行動することで前に進むことができます。

この繰り返しのプロセスの中で、視野が広がり、何かを実行する能力が高まり、周囲からもリーダーとして認められるようになるのです。

KFCでは、実に様々な人々が働いています。オープンから昼過ぎにかけては主婦やシニア、学校が終わる午後から夜間にかけては高校生や大学生、近年はアジアを中心とする外国人も増えています。会社をリストラされた元サラリーマンやシングルマザー、学費を自分で稼ぎながら勉学に励んでいる苦学生など、まさに十人十色。

この状況下でチームをまとめ、強い力にするのが、リーダーの仕事です。

そのためKFCでは、部下に最大限の力を発揮してもらうための行動のノウハウをすべてのリーダー候補に教えています。

第5章では、チーム力を上げるためにリーダーがすべき部下のとりまとめ方を紹介しています。この内容を実践すれば、必ずチームは一つにまとまり、チーム全体で大きな成果を挙げることができるようになるでしょう。

KFC流
リーダーシップ 1

部下の多様性を認める

イチローは何度ワールドチャンピオンに輝いたか?

数々の安打記録を更新して米国野球殿堂入りが確実視されるメジャーリーグのイチロー選手の存在は、みなさんもご存じでしょう。

では、イチロー選手が何度、日本一あるいはメジャーリーグの最高峰であるワールドチャンピオンになったか、ご存じでしょうか。

実は、プロ野球選手だった8年のうち、日本一になったのがたったの1回。2001年から16年間メジャーリーグにいますが、ワールドチャンピオンになったことはありません。

これはいかに突出した個人がいても、チームとして強くなければ頂点に立つようなパフォーマンスをすることはできないことを表しています。

実際、高校野球でも、プロが注目するようなピカイチの選手がいないチームのほうが甲子園で頂点に立つケースが目立ちます。

結局のところ、組織やチームとして成果を挙げるには、個・よりも全体の力によるところが大きいのです。

部下が言うことを聞かなかったり、チーム(部署)内の雰囲気が悪かったりして、なかなかチーム力が上がらない場合は、リーダーに原因があります。

チーム全体の力をアップさせるには、部下を監視したり、管理したりするのではなく、個・の力を認め、高め合い、チーム力として結晶させるチームビルディングが必要です。

ところが、日本では往々にして、リーダー=管理職という役割において、全体の輪を乱さないことを優先させた監視、管理をさせがちです。

メンバーは「お客様を喜ばすために」よりも「ルールを守るために」仕事をするようになりますし、現在の個を大切にする流れにも合致していません。

目まぐるしい世の中の変化とともに、人も多様化し、様々な個性を持つようになりました。そんな個の集まりが、化学変化を起こすことで、強いチームになります。

今、求められているリーダーとは、一つひとつの個の力をまとめて強いチーム力をつくる、チームビルディングができる人なのです。

多様性を認めてまとめるＫＦＣのノウハウ

チームビルディングとは、それぞれのメンバーが個々の能力を最大限に発揮しながら、一丸となって共通の目標に向かって進んでいける組織をつくることです。

しかし、能力は優れているものの協力姿勢を見せない一匹狼タイプや、もともと仕事より自分の時間を大事にする価値観を持つマイペースタイプなど、様々な個性を持つ、多様なメンバーを一つにまとめるのは、簡単ではありません。

でも、やり方を習得すれば可能です。

ＫＦＣでは、リーダーは、メンバー（部下）の多様性や個性を認めることとしています。認められているとわかれば、部下も素直に力を出しやすくなります。それぞれに最大限の力を発揮してもらえれば、必然的にチーム力も上がります。

まずは個性を受け入れ、認め、そして、そのことを相手に伝えましょう。

メンバー同士もお互いを認め合う空気をつくりましょう。

それぞれが自身の力を発揮しやすい環境をつくる。

これもリーダーの仕事なのです。

POINT

◆チームの力を最大限に発揮させる

「個」の力に頼る旧来型マネジメントから脱却する

多様性を認めることがチームビルディングのカギとなる

個々の能力を最大限に発揮できる場をつくる

KFC流
リーダーシップ2

チームビルディングは「ビジョン」がカギ

どんな種を蒔くか

名著として名高いスティーブン・R・コヴィーの『7つの習慣』に「農場の法則」が紹介されています。

米を手に入れようとするのなら、春に種を蒔《ま》き、夏に大切に育ててから初めて秋に収穫できる。春に種蒔きを忘れ、夏に遊びほうけて、秋になってから必死に収穫しようとしても意味がない。つまり、蒔いて育てたものしか刈り取ることはできないのです。

チームづくりも同じです。

短期的に成果を求めてメンバーを動かしても真の成果は得られません。種蒔きが必要です。

カボチャの種を蒔いてメロンの収穫を期待しても叶いません。あなたがどんな種を蒔くかで、得られる成果もまた変わってくるということです。

その種となるものが、第1章でも紹介した〝ビジョン〟です。

ビジョンが部下のやりがいになる

ビジョンとは、理想とする未来図のことであり、職場においては、メンバーが個々の能力を最大限に発揮しながら、一丸となって共通の目標に向かって進んでいける組織をつくるための求心力となり、羅針盤となり、灯台となります。

ビジョンをつくる要素は次の3つです。

1　自分たちは何者か（意義のある目的・使命・ミッション）
2　何を基準にして行動するか（明確な価値観・信念）
3　どこを目指すのか（未来のイメージ）

ＫＦＣにもヤム・ブランズと共有しているビジョンがあります。

「我々は世界中のお客様にＹＵＭ（感情の入った『うまい!!』という意味）の笑顔をもたらす存在である（＝意義のある目的・使命・ミッション）。

そのため、お客様に奉仕する立場の人間、つまり、従業員を会社で最も重要な立場の人々として第一に考え、彼らの能力を信じ、賞賛し、コーチングとサポートを行う（＝明確な価値観・信念）。

そうすれば彼らはお客様を世界で最も大切な人として常に関心を持ち、情熱を持って奉仕できることが当たり前のようになる。

こうして世界最高のレストランブランドになる（＝未来のイメージ）」

このビジョンがあるからこそ、ＫＦＣは世界中の店舗で同じような姿勢を共有できるのです。

ビジョンがなければ、自分たちが働く目的も、どんな行動基準で動けばいいかも、どこを目指していいかもわかりません。結果、メンバーの行動がバラバラ、チームとしてもバラバラになってしまいます。

ビジョンを描いて共有し、それが浸透していれば、メンバーは「自分が何のために働くか」、自分の役割と目的意識を自覚しながら、やりがいを持って動き始めます。また「自分たちのやり方はこうだ」といった明確な価値観を共有し、「どこを目指すか」がわかるため、各自の行動も個性はあってもバラバラになりません。

結果、メンバー全員のエネルギーが同じ方向に集約されるというわけです。

さらに、同じ方向を向いているので仲間意識ができ、互いに信頼し合い、助け合い、フィードバックし合えるようになります。認め合う文化ができていればなおさらです。

メンバー全員のエネルギーが同じ方向に集約され、相乗効果でチームには高い成果がもたらされ、強いチームができてくるのです。

POINT

◆チームをまとめるにはビジョンの共有が必要

ビジョンがないからチームがバラバラになる
ビジョンとは求心力となり羅針盤となり灯台となるもの
世界中のKFCは一つのビジョンでまとまっている

KFC流
リーダーシップ3

チーム力を高める「ビジョン」のつくり方

目的・使命・ミッションを自覚させる

ビジョンをつくるのはリーダーの大切な仕事です。

リーダーは、自分のチームがどのような有意義な目的を持って動くのかを、部下に示す必要があるからです。

経営の神様と言われるピーター・ドラッカーも、「リーダーシップとは、人のビジョンを高め、成果の水準を高め、人格を高めることである」と言っています。

ビジョンをつくるには、まず「意義のある目的・使命・ミッション」を部下に自覚させることから始めます。

ビジョンとは…

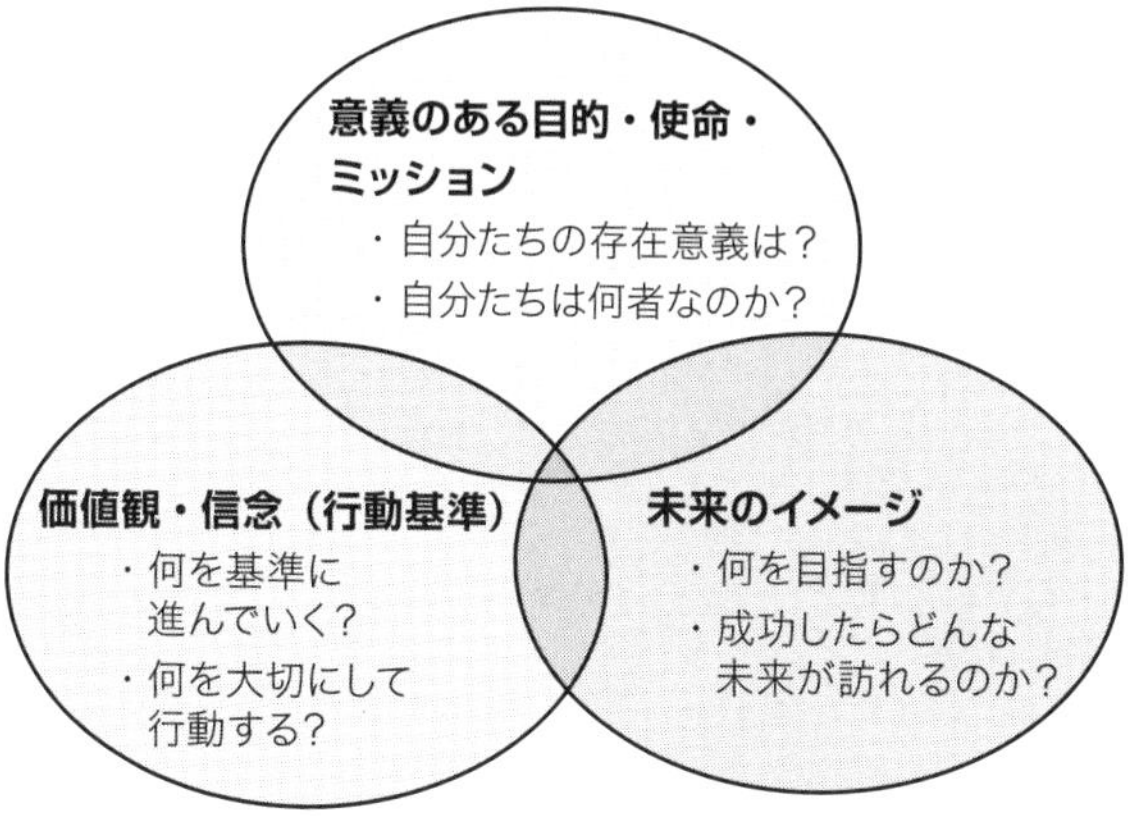
意義のある目的・使命・
ミッション
・自分たちの存在意義は？
・自分たちは何者なのか？
価値観・信念（行動基準）
・何を基準に
進んでいく？
・何を大切にして
行動する？
未来のイメージ
・何を目指すのか？
・成功したらどんな
未来が訪れるのか？

ビジョンのつくり方

1　「意義のある目的・使命・ミッション」を部下に自覚させる

「自分たちの存在意義は何か？」「自分たちは何者なのか？」「自分たちはどんな目的に奉仕しているか？」を明確にすることで、自分たちが「どんな仕事をするの」かではなく、「なぜこの仕事をするのか」を自覚させる。

2　「価値観」「信念」を示す

何が大切なのか、行動基準を指し示す

3　「未来のイメージ」を部下に示す

目指す姿をイメージさせる

〝使命感〟があれば部下は自ら動く

目的や使命感を持つことが大切なことを教えてくれる、たとえ話があります。

3人の労働者がビルの建設現場で働いていました。

1人目の労働者は汗まみれになりながら仏頂面で働いていました。通行人が彼に、「あなたは何をしているのですか？」と声をかけました。

すると彼は「ブロックを運んでいるだけだよ」と答えました。

2人目の労働者も汗まみれになりながら同じように仏頂面で働いていました。通行人が「あなたは何をしているのですか？」と声をかけると、彼は「時給1500円で働いているんだ」と答えました。

3人目の労働者も同じように汗まみれでしたが、その表情はイキイキしているうえに、動きも軽やかです。通行人の「あなたは何をしているのですか？」という問いかけに対して彼は「大きなビルを建てているんだ。このビルができると、この辺りは賑やかになるよ。だから、頑張らないとな」と満面の笑みで答えました。

最初の2人は、目先の作業や報酬のみに意識がいき、3人目は仕事に目的や使命感を持っていたのです。当然生産性も変わります。実際、3人目の仕事ぶりは群を抜いていました。

これが10人規模、100人規模になると、生産性にどれだけの違いができるか簡単に想像できるでしょう。

リーダーはまず自分のチームのメンバーにどのような有意義な目的を持って動くのかを、部下に示しましょう。チームが成果を挙げることで、顧客にはどんなメリットがあるか？　それを意義ある目的として掲げるのです。

自分たちの使命が何なのか自覚できる、わかりやすい言葉を選びましょう。

KFCのおいしさも一人ひとりの使命感に支えられている

KFCでは従業員一人ひとりが、カーネル・サンダースのつくり出した「本物の味」を守り、それをより最高の状態でおいしくお客様に提供することに誇りと使命感を持って働いています。

すべての店舗でまったく同じ原材料やスパイス、ショートニング（油）を使います。

ですが、どんなに素材が優れていても、フラワー（粉）やチキンの扱いがぞんざいだったり、ショートニングの酸化が進んでいてはカリッとしてジューシーなチキンになりません。従業員一人ひとりが使命感を持って働く店では、細心の注意を払っているため、一つひとつが丁寧です。その積み重ねが、おいしいお店としてのブランドをつくります。

いかに部下に使命を自覚させるか、それが部下の仕事に対する基本姿勢をつくるといってもいいでしょう。

〝価値観〟を示す

部下に使命を自覚させたら、次に「価値観」を示します。

価値観とは「何を基準に進んでいくのか」「何を大切にするのか？」ほか、行動や意思決定のガイドラインのことです。

「目的・使命・ミッション」が「なぜ働くのか？」の疑問に答えるものだとしたら、「価値観」は「いかに行動していくべきか？」の疑問に答え、「目的・使命・ミッショ

CHAMPS（チャンプス）

“お客様の視点に立ち、より満足のいくサービスを提供する”ことを目的としたシステム。

CHAMPSとは、次の6つの価値観のそれぞれ頭文字をとっている。

C：Cleanliness（クリンリネス）

店舗はどこも清潔感があるか

H：Hospitality（ホスピタリティ）

おもてなしの心は伝わっているか

A：Accuracy of orders（アキュラシー）

オーダーは正確にとってくれているか

M：Maintenance of facilities（メンテナンス）

空調や椅子などすべての設備は快適な状態か

P：Product quality（プロダクト・クオリティ）

商品の品質は満足できるものか

S：Speed of service（スピード・オブ・サービス）

サービスの速さは満足できるものか

ン」をどのようにして実現していくのかを部下に自ら判断させる指針となるべきものといえるでしょう。

ＫＦＣには、「ＣＨＡＭＰＳ（チャンプス）」という価値観があります（１７３ページ参照）。

これは、顧客が店舗に求める重要な６つの価値観を表したものです。

シンプルな内容ですが、実際にこの６つを理想に近づけるほど、お客様の満足度が高まり、各店舗の売上げが伸びることが各国のＫＦＣで世界的に証明されています。

そのため、ＫＦＣでは、各店舗でこの価値観をアルバイト一人ひとりにまで徹底的に周知させ、日々の行動基準とさせています。

まさに価値観は、目的を達成するために、日々どのように行動したらよいかを教えてくれるガイドライン、行動基準なのです。

価値観として機能しているかどうかは「行動」が伴っているかどうかで判断できます。行動が伴っていなければ、それはただの願望にすぎません。

会社の理念や価値観を掲示したり、唱和したりしているところもありますが、社員の行動が伴っていないのであれば、機能していないということです。

価値観が不明瞭だと、何が正しいのかの判断基準が個人の判断に委ねられることになってしまい、それぞれの考えが入り乱れ、チームとしてのまとまりがなくなってしまいます。

価値観を共有すればメンバーの行動が人によってぶれることはありません。

メンバーが同じ方向に動くために未来のイメージを描く

目的と価値観を決めたら最後に「未来のイメージ」を部下に示しましょう。

「未来のイメージ」とは、「何を目指すのか」「成功したらどんな未来になるか」、最終的なゴールを部下にイメージさせるものです。

したがって、最終結果に到達する「プロセス」ではなく、最終的に実現できている状態にフォーカスして伝えます。あいまいなものでなく、はっきりと思い描けるように、具体的に、明確に伝えましょう。

人は実感の伴うものに反応します。

鮮明で具体的なイメージができればできるほど、実感の度合い（実感値）が高まり、強く反応します。それが未来の手に入れたい状態であるならば、鮮明に見えることで未来への不安もなくなり、手に入れたいと思う行動に拍車がかかります。

たとえば、「ハワイにいつか行きたい」とイメージするのと「3か月後にハワイの青い空と海を眺め、ザブーンという波の音を聞きながら砂浜でゆったりと本を読む」と具体的にイメージするのとでは、後者のほうが具体的なイメージがしやすい分、実感値が高くなり、実現したいと思う気持ちがより高まるというわけです。

未来のイメージの中で、自分がどうあるかが見えることでワクワクした前向きな気持ちで心を満たされ、「そうなりたい」と願うようになり、自ら動き始めるのです。

ＫＦＣの店長時代の話を例にすると、次のとおりです。

- お客様をおいしさで笑顔にさせる地域一番店になる……目的
- ＣＨＡＭＰＳの価値観に従って行動する……価値観
- 「このお店でよかった」が飛び交う店になる……未来のイメージ

「お客様をおいしさで笑顔にさせる地域一番店」がゴールならば、「店内に笑顔のお客様があふれ、『このお店でよかった』と言われている」姿を、それぞれの部下にビジュアルで想像させるのです。

“ダメ店長”が「ビジョン」の力で日本一に！

スーパーバイザーをしていた頃、「ビジョンの力」を強く感じたことがあります。

担当エリアの中に、状態が思わしくないお店がありました。

店長のKさんは50代で、もはや出世に意欲を見せることもなく全身からあきらめ感が漂っていて、店舗にも活気がなく、アルバイトも頻繁に入れ替わっていました。

そこで私はKさんに「そもそも自分の大切にしたいものは何だったのか？」を思い出してもらうことにしました。すると、Kさんは「チキンの味」と「人を大切にしたい考え」に強いこだわりを持っていることがわかりました。

そこで、「チキンと人を大切にするオンリーワンの店舗」という未来のビジョンをつくり、Kさん自身はもちろん、Kさんが率いるチームと共有することにしたのです。

そして、ありとあらゆる機会でそのビジョンについて考え、話し合いました。

わずか1年後、Kさんのお店は売上高伸長率と顧客評価で日本一となり、Kさん自身も全世界でトップクラスの店長として表彰されるまでになりました。

イメージの力は絶大です。

「自分たちは何者で、何を基準にして、どこを目指して進んでいくのか」を明確にする。

そうすることで、チームは一つにまとまり、最高のパフォーマンスを発揮できるようになり、成果を生み出せるのです。

POINT

◆説得力のあるビジョンを持たせればチームは変わる

働く目的・使命を自覚させせる
価値観（行動基準）を示す
未来をイメージさせる

説得力のあるビジョンかどうかのチェックリスト

すべてにチェックがついたら、説得力のあるビジョンとして完成です。

チェックがつかなかった項目は、見直しが必要です。

- □ そのビジョンは、自分たちの使命をはっきりさせてくれるか？
- □ そのビジョンは、日々の決断を正しく行っていくための指針になりうるか？
- □ そのビジョンは、目指すべき未来を目に見えるような形で描いているか？
- □ そのビジョンには、永続性があるか？
- □ そのビジョンには、ライバルに勝つというだけではない何か崇高なものがあるか？
- □ そのビジョンは、数字の力を借りずに人々に活気を吹き込むことができるか？
- □ そのビジョンは、あらゆる人の精神と心に訴えかけるか？
- □ そのビジョンは、一人ひとりに自分の役割を自覚させるか？

＊ケン・ブランチャード著『ザ・ビジョン 進むべき道は見えているか』（ダイヤモンド社）より抜粋

KFC流
リーダーシップ4

「レコグニション」の文化をつくる

チームを継続して走らせるガソリンが「レコグニション」

ＫＦＣでは、従業員の可能性に焦点を当て、行動レベルで引き出し、成果につなげるべく指導をしています。

「従業員の能力向上」を店舗づくりの最も重要な戦略として取り入れているのです。

そのための重要なツールの一つが、「レコグニション（賞賛）」です。

「レコグニション」は、日本語に訳すと「認めること」で、ＫＦＣすべてのマネジメントツールやトレーニングツールに組み込まれ、店舗内の日常的なコミュニケーションに使われ、従業員の成長と定着に大きな効果を発揮しています。

目的・価値観・未来のイメージ、つまりビジョンに基づいた行動をチームに継続させるには、車の運転にガソリンなど燃料が必要なように、やはり燃料が必要です。

その燃料が「レコグニション」、つまり、メンバーを賞賛したり、承認、表彰したりすることなのです。

ところが人は、いいところよりも欠落しているところに目が行きがちです。しかし、欠落しているところばかりを重視するリーダーのもとでは部下はダメ出しばかりで気持ちが落ち込んでしまい、前に進めなくなってしまいます。

部下、そしてチームのやる気を絶えず燃やし続け鼓舞する「レコグニション」は、メンバーの行動を加速させ、チームにエネルギーを注ぎます。

その方法を紹介しましょう。

1　気軽にほめる

ほめる時は気負わず、挨拶でもするような気軽さで、部下や同僚がほめ合える空気をつくります。そうすれば自然とほめ言葉が飛び交うチームになります。

明るい挨拶が聞こえたら「元気にしてくれる挨拶だね」と声をかけるなど、まずは目についた「いいところ」を口にしましょう。

空気をつくるには、リーダー自ら率先垂範することです。

2 ほめ方をほめる

他人を上手にほめている人がいたら、そのほめ方をほめましょう。ほめ方の手本にもなりますし、ほめ方をほめられると「もっとほめよう」と思ってくれます。

ほめる人が増えれば、ほめやすい空気になり、ほめる文化ができてきます。

3 感謝の言葉をお互いにかけ合う

「ありがとう」「感謝します」といった言葉も、相手の存在、行動を認めている言葉なので、レコグニションの一つです。ほめるのが難しいなら、感謝の言葉を多く用いるといいでしょう。

4 賞賛カードを貼る

KFCでは、すべての従業員に「チャンピオンカード」という名刺大のカードが配られています。これは、賞賛すべきと感じた人がいたら、①賞賛したい人の名前、②どんな行動がよかったのか（賞賛の理由）、③書いた日付、④賞賛した人の名前を書いて事務所などに貼り出し、誰でも見ることができるようにするのです。

自分をほめる言葉が貼られていたら誰でもうれしくてやる気になりますし、「どういう行動がほめられるのか」をメンバーが共有することもできるため、頑張る文化がより根づいていくのです。

5 賞賛カードで表彰する

1か月間の賞賛活動を通して、チャンピオンカードを店舗内で最も多く書いてもらった人を、最も貢献度が高いMVPとして、ミーティングで表彰します。これは、チームの公平性とメンバーの参加意識を高めるのに大変効果的です。

1～5を文化として定着させることで、チーム力はどんどん高まっていきます。

最終的に「もっと成長したい」という欲求を引き出す

ただし、ほめるだけでは組織は伸びません。

レコグニションには機能させる前提があります。安心して働ける環境や信頼関係も成立しない中で、いくらレコグニション（賞賛）したところで効果が上がることはありません。

先程、マズローの「人間の欲求段階説」についてはお話ししましたが、人には5つの欲求があります。最初に生理的欲求があり、それが満たされるようになると次の次元の欲求が生まれ、それが満たされると、さらに上の次元の欲求が生まれます。

仕事も同じです（185ページ図）。

まず、職場における生理的欲求（一次欲求）として「仕事があること」という欲求があります。これがなんらかの形で満たされると、安全の欲求として、給与がきちんと支払われる、ユニフォームや備品がつつがなく支給される、コミュニケーションがとれているなど、「安心して仕事ができる環境が整備されていること」が生まれます。

後は同様に、「その組織の一員で居続けたい、そこにいてもいいんだと思っていたい」

職場における欲求段階

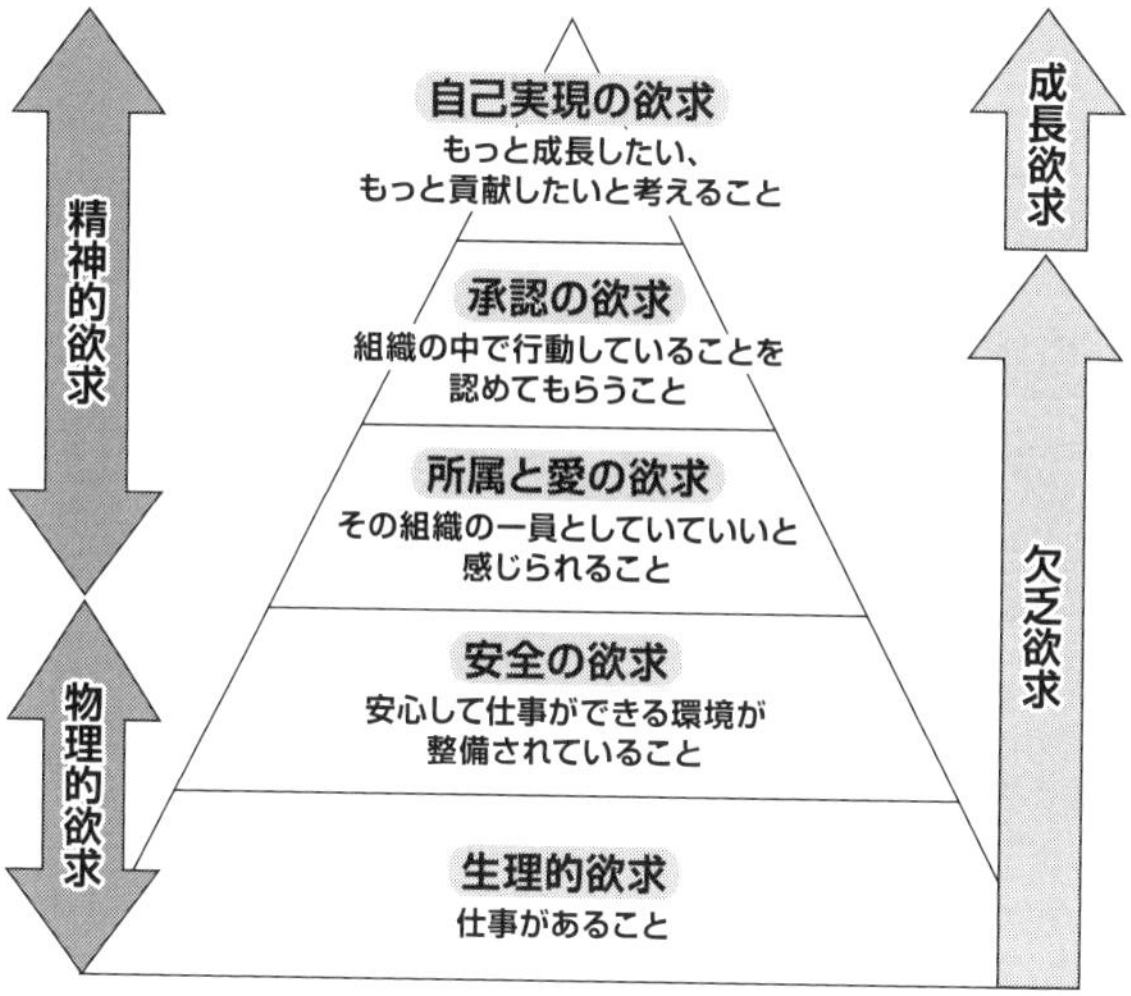
自己実現の欲求
もっと成長したい、
もっと貢献したいと考えること
承認の欲求
組織の中で行動していることを
認めてもらうこと
所属と愛の欲求
その組織の一員としていていいと
感じられること
安全の欲求
安心して仕事ができる環境が
整備されていること
生理的欲求
仕事があること
精神的欲求
物理的欲求
成長欲求
欠乏欲求

という所属と愛の欲求、「組織の中で行動していることを認めてほしい」という承認の欲求……と続きます。

承認の欲求が満たされると「もっと成長したい、もっと貢献したい、よりよいことを追求したい」といった自己実現の欲求が生まれます。

つまり、レコグニション（賞賛）には、自己実現の欲求を引き出す効果があるのです。その前提として「安全の欲求」を満たさなければならない、ということなのです。

メンバーの高次元の欲求を引き出すことができるかどうかで、リーダーシップは判断されるともいえるでしょう。

POINT

◆〝レコグニション〟で人は動く

ビジョンを継続させるのはレコグニション
レコグニション文化がメンバーを育て合う
レコグニションが自己実現欲求を引き出す

KFC流
リーダーシップ5

ミーティングは「現在地」をフィードバックする

ミーティングは反省の場ではない

日々の生活はもとより、ミーティングもまた、ビジョンを共有し、お互いを高め合える貴重な場です。

KFCでは、月に一度、すべての従業員を対象にしたミーティング（月次ミーティング）、週に一度、リーダーを対象にしたミーティング（週次ミーティング）、そして毎日、仕事に入る前のミーティング（プリシフトミーティング）を行っています。

すべてのミーティングで、ビジョンやそれに伴う目標の確認、レコグニション（賞賛）を行い、一貫性を保っています。

ミーティングは、ビジョンに掲げた目的を再確認しながらメンバーに浸透させ、描いた未来のイメージ＝ゴールまであとどれくらいの場所にいるか、その「現在地」をフィードバックする場です。

たとえば、「チキンと人を大切にするオンリーワンの店舗」にするというビジョンのもと、そのビジョンを実現するための強化目標として「おもてなしを強化する」ことを月次ミーティングで決めたとします。

すると、週次ミーティング（リーダーミーティング）で「おもてなしをしようとしているアルバイトを絶対に見逃さないで賞賛しよう」と行動目標を定め、共有します。

そして、プリシフトミーティングで、仕事に入るアルバイトに対し、「今月は、おもてなしを強化していますが、その中で、あなたは今日、どんなことにチャレンジできていますか？」と質問し、自分で強化行動を考えてもらいます。リーダーはアルバイトの行動を観察し、実践できているところを見つけたら、その場でレコグニション（賞賛）し、チャンピオンカードを記入します。

こうした取り組みの状況や結果を、次の週次ミーティングでシェアして、次週に何

KFCの会議

●月次ミーティング（月１回）　対象　全従業員

前月の振り返りとレコグニションを行い、店舗のビジョンを確認したうえで当月の店舗の強化商品やオペレーションの強化事項を決める。

●週次ミーティング（週１回）　対象　リーダー

当月の強化項目をレコグニションのターゲットとして、リーダーたちの行動目標にし、次のミーティングで、アルバイトを賞賛するときにうまくいったこと、うまくいかなかったこと、気づいたことなどをシェアし、翌週の行動目標を決める。

●プリシフトミーティング（毎日仕事に入る前）
対象　全従業員

リーダーがアルバイトに対し、店舗のビジョンと強化項目を確認したり、直近で賞賛された行動や改善すべき行動を共有する。

ができるかを話し合い、行動計画に組み込みます。

行動基準を確認し合うと共に、その部分を伸ばしてチーム全体の生産性向上につなげるわけです。これもしっかりしたビジョンがあるから可能なのです。

ちなみに私が店長をしていた店舗では、「今月はあれが悪かったので改善したい」「今月は××のミスをしてしまったので反省している」などと失敗を省みる、いわゆる「反省会」は一切していませんでした。

その代わり「××さんが一生懸命掃除していた」「○○さんが新人のアルバイトを親切に教えていた」などとほめ合う〝賞賛会〟を行っていました。まず従業員が発言し、それを聞いて店長がまたほめ、ときにはみんなの前で表彰することもありました。

理解度の確認でチームの結束が高まる

また、ミーティングは、メンバー全員でビジョンや価値観の理解を確認する場でもあります。

私が店長だった時は、ビジョンや価値観の理解をより高めるために、〝CHAMP

S〟（173ページ）の中の一つを「今月は特に〝M＝店舗設備のメンテナンス〟を強化していこう」などと「今月の強化目標」に掲げて、週次のミーティングにてリーダー間で、その達成状況などを確認し合うようにしていました。

その結果、チーム全体の生産性向上につながり、業績も伸びていきました。

お互いが日頃からビジョンを意識し、存在を認め合い、フィードバックし合い、ミーティングの席で賞賛し合い、メンバー同士高め合える環境をつくることで、今、ここで働く意味を見いだすことができ、「また、頑張ろう」と思えるのです。

POINT

◆ミーティングでビジョンを浸透させる

生産性向上につながらないミーティングはNG
ビジョンの「価値観」の一つを毎月の目標にする
ミーティングには一貫性を持たせ、参加者意識を高める

KFC流
リーダーシップ6

「変化」をチャンスに変える

トラブルはチャンスに変えられる

私が店長に昇格したばかりの頃のこと、ちょっとしたトラブルがありました。

チキンをテイクアウトしたお客様から「店長を出せ！」と電話がかかってきました。代わってお話をうかがうと、「いつも6つ入っているチキンが5つしか入っていなかった」とのこと。どうやらアルバイトの女性が入れ忘れたようなのです。

すぐに自宅にお詫びに伺うと、パンチパーマに派手なアロハシャツの大柄な男性が現れました。どう見ても簡単にお詫びしただけでは済みそうにない雰囲気だと、覚悟するなり私は自宅に上げられ、約1時間、きつめのお叱りを受けました。

お客様は最後に、次のようなことを言ってくださいました。

「俺は好きなんだよ、ケンタッキーが！　だから腹が立ったし、悔しかったんだ！」

このひと言に、私は「申し訳ない」という思いをより一層強く抱いたのでした。

お店に帰ると、チキンを入れ忘れた女性が心配そうな顔で待っていました。

そこで私は、ことの顛末《てんまつ》とお客様がいかにKFCを愛してくれていたかを伝えるとともに、ちょっとした不注意でファンの気持ちやKFCのブランドを傷つけてしまう危険があること、もしかしたらお客様を失ってしまうかもしれない怖さもあることを話しました。

彼女はじっと私の話を聞き、自分の不注意を心から反省していました。そして翌日から見違えるように集中して働き始めました。

お客様宅での1時間の正座はさすがに足がしびれましたが、こうしたトラブルも、アルバイトの成長のためのリソースとなる。そのことを実感した貴重な体験でした。

この一件以来、どんなトラブルやピンチもチャンスに変えられることがわかりました。まさにピンチはチャンスなのです。

すべての出来事はチームをまとめるリソースになる

トラブルだけでなく、環境の変化も、部下の成長をうながすリソースとなります。新人アルバイトや新入社員が入ってきたら、新人にビジョンを教えるとともに在籍しているメンバー全員にもビジョンを再確認させるチャンスとなります。また、先輩メンバーにとっては、新人を教えることで自身の仕事の在り方を見直し、成長できるチャンスになります。

誰かが辞めた時も、その原因をミーティングなどでみんなと一緒に考え、改めることで、働く環境を改善できる絶好の機会となりますし、ほかのお店でうまくいっている事例があると聞けば、採用してもいいでしょう。

変化はチームが成長するチャンスなのです。

POINT

◆変化をチャンスに変えてチームをまとめる

ピンチはチャンスに必ずつながる
すべての変化は部下の成長のチャンス
トラブルはチームの成長の機会ととらえて歓迎する

COLUMN 5

カーネル・サンダースの生涯に見る ＫＦＣの原点

＊旺盛なサービス精神が「オリジナルチキン」を生んだ

カーネル・サンダースは１９９０年、ケンタッキー州ではなく隣接するインディアナ州ヘンリービルで生を受けました。早くに父親を亡くしたことで幼少時はかなり苦労したようです。

その後は、工場で母が働くようになり、母、そして弟と妹のために６才で料理を始めます。もともと料理の才能があったようで、７歳の時に一人で焼いたライ麦パンを母が働く工場に届けたところ、工場で働いている人たちから大絶賛され、ことあるごとに「自分がつくったものを喜んで食べてもらえる」うれしさを知ったと、語っていました。

その気持ちが「おいしいもので人を幸せにしたい」という今日のＫＦＣの理念へと受け継がれているのです。

家計を助けるため、カーネルは10歳から農場で働き始めます。
学歴といえば小学6年生の修了証だけでしたので、独学で学びながら、機関士、判事助手、保険外交員、フェリーボートなど実に40種に及ぶ仕事に就きました。どんな仕事でも理想を求めるカーネルは雇い主とぶつかることも多く、そのたびに転職せざるをえなかったようです。

そして、タイヤのセールスをしている時に出会った石油会社の支配人から勧められて始めたのがガソリンスタンド。この時カーネルは30代後半でした。

サービス精神旺盛だったカーネルは、頼まれてもいないのに、舗装されていない砂利道を走り、ホコリだらけとなった車の窓を洗うなどのサービスを始めました。今でこそガソリンスタンドで窓を拭いてもらえるのは当たり前ですが、当時はそんな「おもてなし」をするところはなく、こうしたカーネルの所業は人づてに評判が広がっていきました。

＊カーネル・サンダースの「おもてなし」の心

このガソリンスタンドの片隅につくられた〝サンダース・カフェ〟で、最初のフライドチキンが誕生したわけですが、それもサービス精神旺盛なカーネルの「おもてなし」の心から生まれたものでした。

カーネルには「ほかの人に一生懸命サービスする人が、最も利益を得る人間である」という信念があり、それを実践したのです。

そんなカーネルの「おもてなし」の心は、今もKFCに受け継がれています。

私がKFCに入社する決意をした理由の一つは、カーネル・サンダースのお客様に対する在り方や態度に共感したからです。

特にライ麦パンのエピソードに私の心は打たれました。

「一生懸命つくったものを人はおいしいと言ってくれる。そしてそのおいしいって言ってくれる人の顔を見ると自分自身も幸せになれる」

彼のこの教えをKFCに在職中、ずっと大事にしてきました。

これからも大切にしたい価値観として守り続けていきたい、そう思っています。

第6章

リーダーの最大の仕事は未来のリーダーをつくること

いくつになっても、
自分の人生を
より価値のあるものにするための
努力をするべきだ——。

カーネル・H・サンダース

未来のリーダーづくりもまた、リーダーの仕事です。

「育成者」として、人を育て、チームを育てる。

それは、次のリーダーを育て、リーダーであるあなたがそのチームを離れても、部下が組織の一員としてやっていくことができるようにする、ということです。

リーダーは、自らリーダーになろうと決めた人間にしか育てることができません。

また、リーダーを「任せられる人」が増えるほど、会社や組織は強くなりますし、あなた自身もステップアップしていくのです。

言い換えると、次のようなリーダーは部下も自分も成長させることができません。

・自分がやったほうが早いと思っている
・部下がうまくやると自分の存在意義がなくなると思っている
・部下の失敗の責任をとることに抵抗がある

「やってみせ、言って聞かせて、させてみて、ほめてやらねば、人は動かじ」

先程も紹介した山本五十六のこの言葉、実はこれには続きがあります。それは、

「話し合い、耳を傾け、承認し、任せてやらねば、人は育たず」

次のリーダー、つまり、未来のチームをつくることのできる人間を育てるなら、権限を委譲し、その人の在り方、やり方を認め、そのうえでサポートをしなさい、という意味です。

任せるのは勇気がいります。

でも、いつかあなたは必ず、このチームから離れる時が来るのです。

そして、あなたがいなくなった後も、チームは存続し、継続的に成長し続けなくてはなりません。

時は流れ、人の役割も変わります。

変化をチャンスにするために、未来を託せるリーダーづくりに取り組みましょう。

未来のリーダーの育て方 1

部下の執事として支援・後押しする

孤高のリーダーに部下は育てられない

今でこそ〝仏の森〟と呼ばれ、温厚さで知られる私ですが（笑）、店長に昇格したばかりの頃は「店長たるもの、威厳がなくてはならない」と思い、行動していました。当時のアルバイトが何年か後に笑い話として教えてくれたのですが、その頃の私は常に厳しい顔で「俺は店長だ。覚悟を持ってやってるんだぞ」といったオーラを出していたそうです。

「話しにくい怖いリーダー」がいる組織は風通しが悪くなる一方です。

たとえば、お客様からのクレームがあっても「これはここだけの話にして、店長には言わないでおこう」とアルバイト同士で問題を隠すなど、リーダーの顔色をうかがい、余計なことはしないほうがよいという空気が生まれてしまいます。

当然、チームとしての成長は期待できません。

主体性重視のチームに求められるリーダーは「サーバント」型

昨今、求められるリーダー像が変わってきています。

これまでリーダーといえば、部下に強く指示・命令して動かすような支配型でした。

しかし、今グローバル企業が取り入れているのが、サーバント型のリーダーです。

支配型のリーダーのもとでは常にリーダーが指示や命令を出し続けるため、個人の能力はリーダーの指示を聞かなければならないという義務感によってしか発揮されません。

そもそも持っている能力を発揮する機会が限定され、未来のリーダーとして必要な成長の妨げにもなってしまいます。

サーバント（servant）とは「仕える・従属する」といった意味ですが、決して部下にへつらったり、媚びたりしろというわけではありません。部下を後方で支援・後押ししながら、自らの頭で考えさせ、行動するように導くのがサーバント型リーダーの在り方です。部下の執事のようになるということです。

リーダーは、部下である従業員がビジョンや行動指針に基づいて行動しやすい環境、さらにはよりよい店舗にするための思いやアイデアを引き出し、その声を店舗全体で取りあげ、彼らの行動が支援されフィードバックを受けられる環境づくりを行います。

こうすることで、従業員はよりお客様と接する時間を大切に考えるようになり、さらによくしていきたいという欲求が生まれ、大きな視点で店舗を見ることができるようになり、未来のリーダーとして成長していくのです。

ヤム・ブランズでは、いち早くこの考えを採り入れていました。それを組織図で示すと、205ページのようになります。

逆ピラミッド型の組織の中で、最上位にいるのはお客様に直接向き合う従業員です。

この考え方に基づき、ヤム・ブランズでは早くから本社を「サポートセンター」と呼び、全マーネジャーの肩書を「コーチ」に変えました。店長などの現場管理者やス

KFC（ヤム・ブランズ）の逆ピラミッド

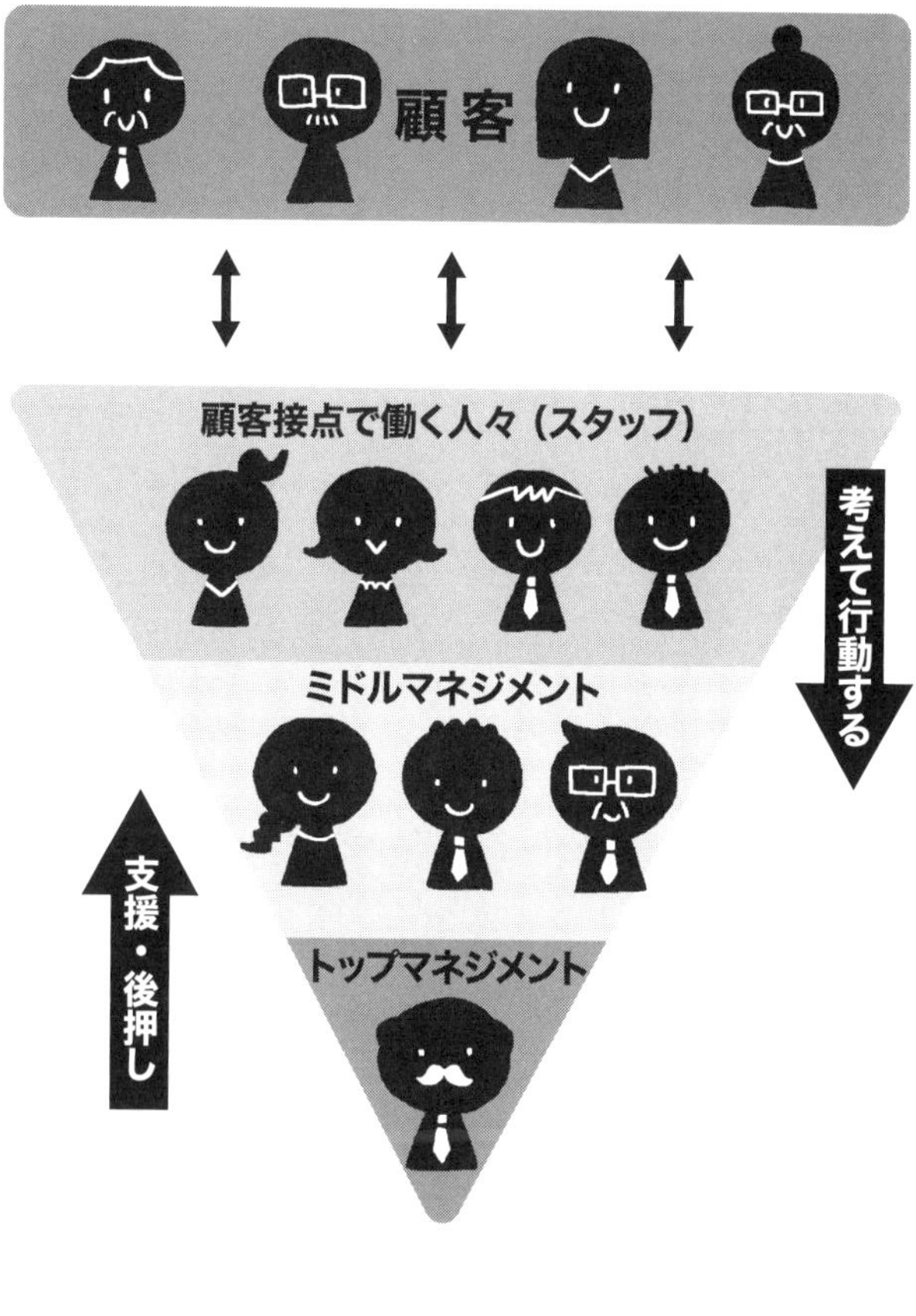

ーパーバイザーなどの中級管理者は、あくまで現場をサポートするサーバントであるとしたのです。

具体的にどうすればサーバント・リーダーになれるのか、「NPO法人　日本サーバント・リーダーシップ協会」が10の特性を挙げていますので紹介します（207ページ）。

自分がいくつできているかチェックし、できている部分はあなたの強みとして強化しましょう。できていない部分は、リーダーの役割を果たすために、自らの課題として取り組んでください。

POINT

◆支配型リーダーからサーバント・リーダーへ

支配型のリーダーでは限界がある

リーダーの仕事は部下の考えを引き出し、支援する

リーダーが支えれば部下は自ら動いて成長する

サーバント・リーダーシップの10の特性

1 傾聴
相手が望んでいることを聞き出すために、まずは話をしっかり聞き、どうすれば役に立てるかを考える。また自分の内なる声に対しても耳を傾ける。
2 共感
相手の立場に立って相手の気持ちを理解する。人は不完全であることを前提に立ち相手をどんな時も受け入れる。
3 癒し
相手の心を無傷の状態にして、本来の力を取り戻させる。組織や集団においては、欠けている力を補い合えるようにする。
4 気づき
鋭敏な知覚により、物事をありのままに見る。自分に対しても相手に対しても気づきを得ることができる。相手に気づきを与えることができる。
5 納得
相手とコンセンサスを得ながら納得をうながすことができる。権限に依（よ）らず、服従を強要しない。
6 概念化
大きな夢やビジョナリーなコンセプトを持ち、それを相手に伝えることができる。
7 先見力
現在の出来事を過去の出来事と照らし合わせ、そこから直感的に将来の出来事を予想できる。
8 執事役
自分が利益を得ることよりも、相手に利益を与えることに喜びを感じる。一歩引くことを心得ている。
9 人々の成長への関与
仲間の成長をうながすことに深くコミットしている。一人ひとりが秘めている力や価値に気づいている。
10 コミュニティづくり
愛情と癒しで満ちていて、人々が大きく成長できるコミュニティを創り出す。

（出典）日本サーバント・リーダーシップ協会 HP

未来のリーダーの
育て方2

意図を持って部下に「権限委譲」する

最も効果的な部下の育て方

部下をリーダーに育てあげるうえで、最も効果的なやり方を一つ挙げるとしたら「権限委譲」でしょう。

権限委譲は、部下の主体性を育成するために、上司の権限を委譲することです。仕事の責任は上司が負います。部下は仕事を任せられるとやりがいを感じ、成果を残そうと頑張ります。これが成長となります。

研修やミーティングで主体性について話をするなど、育成しながら権限を分け与えることで、部下も主体的に変わってきます。

上司である自分がすればミスなく、滞りなく進められるはずの仕事であるにもかかわらず任せるということは、ミスの可能性も高くなることが想定されるため、勇気がいるでしょう。

それでも、いえ、だからこそ、効果があるのです。

部下は、「任せてもらえた」喜びを感じて意欲を持ち、「もし失敗したらどうしよう」と不安を感じながら、真摯に取り組むことによって、うまくできれば大きな自信となり、部下は一皮むけて成長するのです。

以前、「超」のつく赤字店舗を1年で黒字化できたときも、権限委譲を実現させたことが大きな要因でした。

当時850円の時給だったアルバイトの方たちが店長である私と同じビジョンを共有し、私の仕事に価値を感じ、実践してくれたおかげで、店舗の細部にまで目が行き届くようになり、ムダを徹底して省くことができたり、店舗の外に目を向けお客様の来店アップについての情報収集をしたりといったことができるようになりました。

さらには、店長レベルの仕事ができるようになったアルバイトたちから、冬にはブランケット、夏にはうちわをサービスすることで電気代のムダをなくすことができたりなど、様々な提案をもらって大胆な改革ができたことも大きかったといえます。

権限委譲の原理原則

権限委譲の原理原則は、「個人の力量と信頼関係」が前提です。

未来のリーダー像は個人の能力と人格を理解したうえで磨くようにします。

その相互理解のプロセスを通してお互いが信頼で結ばれ、だからこそ、その人の人格を信じ、未来の結果に期待して（＝信頼して）その人の自発性を認め、裁量権を与えるのです。これを行うと、リーダーはビジョンを磨くことと彼らの行動を支援することにエネルギーを注げるようになります。

反対に、人格（人に感謝できない、約束が守れないなど）と能力が兼ね備えられていないと信頼関係は結べません。この状態で権限委譲をしたらどうなるか、想像に難くないでしょう。

権限委譲したいと思うなら、まずはその部下との信頼関係を強化することです。信頼関係は意図や行動を共有すると自然と強化されます。共に汗を流したことのある仲間は、共有体験があるので信頼関係も築きやすいです。臆することなく歩み寄りましょう。

先にお話ししましたが、「超」のつく赤字店舗をV字回復できたのも、この原理原則に則ったトレーニングやコミュニケーションを通して信頼関係を強固なものにすることができたことが功を奏したのでしょう。

任せる時の伝え方

ただし、気をつけてほしいことがあります。

権限委譲は「放置すること」や「丸投げ」とは違います。

「任せたから、自由にやってよ。その代わり、後のことは知らないから」

これでは、権限移譲ではなく権限放棄です。

権限委譲は、仕事を「任せること」であって、権限を与えるわけではありません。

あくまで責任者はリーダーであるあなたです。

できると信じたうえできちんと情報を共有し、スタート地点と達成すべきゴールを教え、時間や人脈、経費といったリソースを部下に渡し、必要であれば報・連・相（報告・連絡・相談）を受けてアドバイスしてください。

「信頼するけど信用しない」

結果の責任をとるのはあなた。あなたが任せた人が責任をとるのではありません。部下がもし間違った方向に行こうとしていたら軌道修正して、正しい方向に導きましょう。

部下に仕事を任せる時は、次のことを漏れなく伝えてください。

①仕事の内容（求められる結果）

（例）競合他社の新製品についてリサーチしてまとめる

②全体の中でどんな役割や価値があるか（求められる役割）

（例）実はウチでも新製品を開発するので優位性を確保したい

③期待していること（自分の気持ち）

（例）君にしかできない視点や角度からリサーチしてほしい

④仕事を通して得られるメリット（短期・長期）

（例）他社製品を調べることは今の仕事に変換できる情報も手に入る（短期）
視野や視点が広がり、仕事の幅を広げるチャンスになる（長期）

ただ「他社の新製品をリサーチしろ」といわれても、やらされている感を抱くだけですが、「他社より優位な新製品の開発プロジェクトに自分も参加するんだ」という、全体の中での役割や価値を認識したほうが俄然やる気が出るはずです。

当たり前のことのようですが、この部分を伝えていない上司が意外と多いのです。伝える時は、①〜④を確認してから話してみましょう。

POINT

◆部下を伸ばす最大の武器は「権限委譲」

権限とリソースを委譲すると部下は成長する
仕事の持つ役割や価値を理解させる
権限委譲の前提は人格を育み信頼関係を築く

未来のリーダーの育て方3

部下の「目標」をつくる手伝いをする

「やらされている」からやる気が出ない

「部下をリーダーに育てたいのに、肝心の部下がやる気を見せないので、指導しても空回り。部下をやる気にさせるには、いったいどうしたらいいでしょうか？」

セミナーに来られたリーダーの方からよく投げかけられる質問です。

なぜ部下はやる気を見せないのでしょうか。

それは、仕事を「やらされている」と受け身にとらえているからです。

「やらされている」感を持っている部下をやる気にさせるには、自分ごとになる目標を持たせるのが一番です。

ただし、その目標は本人に考えてもらいます。

「部下に目標を持たせましょう」とお話しすると、「目標を与えて管理すればいいのか」と考え、「それじゃあ、来月は○件のアポを取ることを目標にさせよう」とか「売上げ目標をこれくらいにしよう」と数値目標を与えてしまう人がいますが、これでは意味がありません。

なぜならそれは、本人にとっては「目標」ではなく「ノルマ」だからです。こんな目標では部下の「やらされている」感がますますエスカレートしてしまいます。

部下が自ら成長していく目標は、「どんな自分になれたらうれしいのか」を質問し、心の中のイメージを引き出すことで立てます。

質問1「どんな社員になれたらいいですか?」

答えの例「皆が自分を頼りにしてくれるような人」「その道のプロと言われる人になりたい」など

質問2「皆が自分を頼りにしてくれる人ってどんな人ですか?」

答えの例 「困った時に助けてくれると思われる人」「一緒に仕事がしたいと言われる人」

質問3「そんな人は、どんな信念を持っていると思いますか？」

答えの例 「チームにプラスになることでできることはすべてやる」「仕事を心から楽しむ」

質問4「そんな人はどんな能力や技術を持っていると思いますか？」

答えの例 「チーム力を高める力」「何事も前向きにとらえられる力」

質問5「そんな人は普段どんな行動を心がけているでしょうか？」

答えの例 「笑顔で挨拶」「何かある？　と声をかけている」「率先垂範を示している」

質問6「いつ、そうなったらいいですか？　いつまでを目指しますか？」

答えの例 「1か月後」「半年後」「3年後」

答えの例を組み合わせると、次のような目標ができあがります。

「1か月後には、皆が自分を頼りにしてくれるようになるために、まずは笑顔で挨拶をし、率先垂範を行って、チームの力を高めます。

チームにプラスになることなら、できることはすべてやるという信念を持って、困ったときに助けてくれる人だと思われる存在を目指します」

ポイントは「自分ごとになっている」ことと「具体化されている」こと。

目標が決まったら共有し、リーダーは、部下の日常の行動を観察して目標に照らし合わせたフィードバックや支援を行う。そうすることで部下は成長を感じ、さらに貢献したい、強みを伸ばしたいなどと思うようになります。

大学4年生の頃の私は、「10年後に独立する」ことを目標としていました。だからこそ、店舗の運営を比較的早い時期から任せてもらえるKFCを就職先に選び、たくさんのことを吸収しようと店舗運営、スタッフ育成のノウハウを「未来の自分のために」一生懸命覚えました。

ところが、KFCの仕事が面白かったため、途中で目標を変更し、独立が50歳を過ぎてしまいましたが、自ら決めた目標を持って取り組むことがいかに大切かを身をもって理解することができました。

部下の目標が決まったら、より具体的にしていきましょう。

「それを実現させるために、今の仕事でできることはなんだろう?」

「今のポジションをその実現にどう活かしていく?」

「今の状況から、そこに向かうためにはどんなことが必要?」

などと質問してください。

部下が今、やるべきことを自覚するようになるでしょう。

押しつけられた目標ではなく自分の価値観に合った目標ですから、部下もやる気を持って取り組み始めるはずです。

POINT

◆部下がワクワクする目標を一緒に考える
「やらされている」感のある目標ではやる気が出ない
願望を「具体化」すると目標になる
目標に向かうために、今、できることを自問自答させる

未来のリーダーの育て方4

部下に「主体性」を発揮させる

主体的になる4つのポイント

主体性とは、どんな環境であっても自分の意志で行動を選択し、その行動に責任を持つことが大事だということです。

名著『7つの習慣』のなかでスティーブン・R・コヴィーは、主体性に必要な要素は「自覚」「良心」「想像」「意志」の4つだと言っています。

自分自身を常に客観的に見つめ、何が正しいかを良心を持って判断し、欲しい未来を想像し、行動する意思を持つことが大事だということです。

リーダーになるには主体性があるだけではダメです。主体性を発揮することで部下もチームもついてくるからです。

私がリーダーシップの講座やコーチング研修で使っている「主体性を発揮させる質問」をご紹介しましょう。

1　今の自分を振り返って、不満やストレスに感じていることを書き出してみてください。

例「上司に提案をしたのに、理解をしてくれないからストレスが溜まりイライラする」など

2　自覚・良心・想像・意志についての質問をします。

自覚「今の自分の感情は?」「これは自分が欲しがっている感情だろうか?」

良心「相手はどうしてほしかったんだろうか?」「相手に何が感謝できるだろうか?」

想像「そもそもどのようになっていればいいのだろうか?」

「自分が望む状態はどんな状態なんだろうか?」

「私の尊敬している人ならどう考えるだろうか?」

意志「自分ができることは何だろうか?」

右記の例を当てはめてみると……、

自覚「今はイライラしている」「これは自分の欲しい感情ではない」

良心「上司はもっと理解しやすい資料が欲しかったのかもしれない」「それでも目を通してくれたことには感謝しないと」

想像「自分が望むことは、自分の提案を上司が理解してくれる状態になること」「私の尊敬するカーネル・サンダースなら、本当にベストを尽くしたのか？と自分に問いかけるだろう」

意志「もう一度上司が納得できる前提で、提案資料をつくってみよう」

となります。

主体性を発揮するときの大きなポイントは「良心」です。

日ごろから損得勘定ではなく善悪で判断する、人に感謝をする、約束を守る、誠実でいることを心がけておかないと良心は育まれません。

リーダーは、ビジネススキルの前に人格を磨いておく必要があるのです。

主語は常に「私」にする

主体性が発揮されていない時は、「自分の今の状況をつくっている原因は自分の外の状況にある」と考えています。この時の主語は「あなた」「あの人」など、他人になっているはずです。そんなときは前述の質問を自分に課してみましょう。

ちなみに主体性が発揮されている時は、「自分の今の状況をつくっているのは自分である」と考えます。主語は常に「私」で、どんな状況であれ、「私」ができることに集中します。

部下に主体性を持って動いてほしければ、まず自分が主体性を発揮することです。よく「子は親の背中を見て育つ」といいますが、それは部下も同じ。リーダーの日々の行動を真似して部下は動いています。

あなたが先頭に立って行動することで背中を見せるのです。

部下が主体性を発揮できるようになると、起こった結果を環境や他人のせいにしなくなり、自分ができることを考えることに焦点を合わせて行動するようになります。

そうすると、部下にさらに主体性を発揮できる環境を整えたり、裁量を与えたりできるようになります。これが「エンパワーメント（権限委譲）」なのです。

この状態がチームでつくれると、リーダーはその行動を支援したり、全体の方向性を指し示すだけでチームが前へ動いてくれるようになります。

いわゆる「優秀なリーダーは動かない」状態です。

ＫＦＣでも「我々は信頼で結ばれたチームです。互いに指導し助け合い、その進歩を賞賛することにより最強のチームづくりを目指します」を店舗でのスローガンに掲げています。

「もう少し考えろよ」と言葉だけで言っても部下が自分の頭で考えることはありません。まずはあなたが模範を示して主体性のある行動をしましょう。

POINT

◆主体性はあるだけではダメ

4つのポイントを質問する
まずリーダーが主体性のある行動をとる
主体性を発揮できるとリーダーとして成長する

未来のリーダーの育て方5

なってほしいリーダー像を演じる

リーダーの在り方が部下にも影響する

長年、ＫＦＣで店長や地域の店長を指導するスーパーバイザーを務めて、実感してきたことがあります。それは、リーダーの在り方によって店や従業員の雰囲気が大きく左右されることです。

店長がポジティブで明るく振る舞っている店は、明るい雰囲気の店になります。

一方、店長がネガティブで皮肉をいつも言っているような店では、従業員も陰口を言い合うようになり、店全体にギスギスした雰囲気が漂います。

これはチームの場合も同じ。リーダーの在り方次第で、チーム全体の雰囲気が決まるといってよいでしょう。

お恥ずかしい話ですが、私がまだ若かりし副店長の頃、当時お付き合いしていた女性に振られたことがあります。

お店の仕事には関係ないということは理解していても、知らず知らずのうちに仕事中もその女性のことを思い出しては悲しい気持ちになったり、前日の深酒でぼーっとしてしまうことがありました。

当然、ミスも連発。アルバイトも変に気を使って、店内がギクシャクした感じになりました。

アルバイトを統率する副店長にそうした状態が続くと、アルバイトの雰囲気もどこか弛緩《しかん》してきます。実際、普段ならありえないミスが次々と起きました。

リーダーの状態が店の成績にも影響する。

そのことを自覚してからは、努めて体調や精神状態の管理に気を配るようになりました。リーダーには自分の状態を管理する責任があるのです。

部下はリーダーの行動を真似ている

部下は常にリーダーのことを見ています。

叱られたり、よくない態度と評価されることを避けたいがために、また、自分の行動を認めてほしいがために、リーダーに近づきたい、信頼関係を築きたいという願望のためにリーダーの行動を観察し、真似しようとするのです。

これは、いい面も悪い面も両方です。

たとえばリーダーがチキンをいい加減に扱っていたら、部下やアルバイトも「あ、その程度でいいんだ」と思います。

リーダーが率先して挨拶をしなければ、挨拶をすることの価値は当然下がっていきます。逆にリーダーが率先して明るく元気よく挨拶をしている店舗は、メンバーも自然と明るい挨拶ができるようになっています。

リーダーは常に、部下という観客の前に立つ役者になったつもりで一挙手一投足、言葉の選び方にも気を使ってください。

リーダーが丁寧な仕事を心がけ、前向きな言葉を使っていれば、それがチーム内のスタンダードとなり、部下もそれに従うのです。

リーダーの日々の行動を真似して部下は動いています。

あなたが先頭に立って行動し、背中を見せることで、部下の進むべき道を示してあげましょう。

部下を成長させたければあなたが成長せよ

部下を成長させたい場合も同じです。

部下を成長させたいのであれば、あなた自身がリーダーとして成長している姿を見せなければなりません。

それは「自己成長へのチャレンジ」です。発達心理学では、人間は死ぬまで発達し続けると言われています。チャレンジし続けるということは人間らしさの追求でもあるのです。

私はサラリーマンには2種類の方がいらっしゃると考えています。

一つは「今のままの体制を維持したい」タイプ。

もう一つは「常に変革することが当たり前と考える」タイプ。

どちらが会社にとって、世の中にとって、未来の子どもたちにとって、魅力的でしょうか。それは言うまでもありませんね。

現状維持は変化していく時代において退化でしかありません。変革を当たり前にすれば、行動することも当たり前になります。

行動すれば自分の見える世界が必ず変わります。変わると新たな疑問や発見が見つかり、そこで「どうしようか？」と自分の良心に働きかけます。すると潜在意識が働きアイデアが浮かびます。そしてまた、次の行動を選択するのです。

この繰り返しで人は成長します。欲しい結果や成果は行動の繰り返しからしか生まれません。

本書をお読みくださったリーダーの皆さんには、ぜひこの自己成長サイクルをつくりだしていただき、部下から見て「カッコイイ」リーダーになっていただきたいなあと心から思います。

「カッコイイ」リーダーが増えると、「早く大人になりたい」「大人の社会をのぞいてみたい」と思う青少年が自然と育成され、そんな思いが日本の未来のリーダーをつくっていくのです。

未来のリーダーの成長を支えるためには読書をしたり、セミナーに参加してみるなど、常に自分を高める努力を怠らない姿勢、そして、学びを実践に活かして成長しながら成果を挙げる、そんなあなたの姿勢がなにより強力なのです。

POINT

◆部下はあなたの行動を真似すると心得る

あなたの在り方が部下に大きな影響を与えている
部下という観客を意識して動く
部下を未来のリーダーに成長させたければ、自ら成長する

おわりに

リーダーは会社の戦略を理解し、短期的には日々発生する様々な課題に対応しなければいけません。

一方で長期的視点に立ち将来の会社を担う部下を育てることが求められます。

これらを同時に実行するには、部下を動かし成長させながら成果を挙げる能力が必要です。

現実に目を向けると、対処しなければいけない情報は年々増え続けています。

目の前の案件への対処を優先し、長期的な視点で部下の成長を戦略的に取り入れる術を身につけることなく、責任を果たそうとしていっぱいいっぱいになっているリーダーは少なくないでしょう。

本書はそういった方々に、解決策や解決する視点を手に入れてもらうために書きました。

部下を動かし、部下を育てる。

そのことに正々堂々と立ち向かっていくリーダーの姿は、未来のリーダーにとっても魅力的な存在になるでしょう。そんなリーダーのいる組織には、働きたいと思う人であふれることでしょう。

それを実現させるツールとして本書を活用していただけたら、これほどうれしいことはありません。

最後に長年お世話になったＫＦＣの皆様、出版のきっかけをつくっていただいたコーチングカレッジ代表の堀江信宏さん、ランカクリエイティブパートナーズの渡辺智也さん、あさ出版の皆様には心から感謝いたします。

また、日々、私を支えてくれている家族、そして、私に人として真に大切なものを教えてくれた母にも感謝の気持ちを伝えて、あとがきとさせていただきます。

森　泰造

著者紹介

森　泰造（もり・たいぞう）

(株)みらい創世舎 代表取締役
リーダーシップ実践マスター塾塾長

西南学院大学卒業後、日本KFCホールディングス(株)入社。

現場の店長、スーパーバイザー、人財育成コーチとして5000人を育てる。

年間1000万円超の赤字店舗を1年で黒字化、店長時代着任店舗はすべて増益。モチベーションの下がっていたベテラン店長を1年で日本一に導く。新入社員育成改革を行い2年以内の退職者を0(ゼロ)に。

グローバルスタンダードを忠実に実践して得た豊富な体験を礎にNLPや心理学の要素を加え体系立てた再現性の高いリーダーシップ実践メソッドを確立。

働く豊かさ実現のために、企業の研修やコンサルティングだけでなく、高校でも教鞭をとるなど、EQを高め、リーダーシップを発揮できる未来の人財育成に奔走している。

自ら主宰するリーダーシップ実践マスター塾は、受講生がブレイクスルーを起こすメソッドで高い評価を得ている。

ケンタッキー流《りゅう》　部下《ぶか》の動《うご》かし方《かた》　〈検印省略〉

2017年 11月 25日 第1刷発行

著　者——森　泰造（もり・たいぞう）
発行者——佐藤　和夫

発行所——株式会社あさ出版
〒171-0022 東京都豊島区南池袋2-9-9 第一池袋ホワイトビル 6F
電　話　03(3983)3225（販売）
　　　　03(3983)3227（編集）
F A X　03(3983)3226
U R L　http://www.asa21.com/
E-mail　info@asa21.com
振　替　00160-1-720619

印刷・製本　美研プリンティング(株)
乱丁本・落丁本はお取替え致します。

facebook　http://www.facebook.com/asapublishing
twitter　http://twitter.com/asapublishing

ISBN978-4-86667-003-4 C2034